Katharina Benz

Innere Kündigung
von Mitarbeitern

Wie Vorgesetzte richtig reagieren
und welche Präventionsmaßnahmen
sinnvoll sind

Bibliografische Information der Deutschen Nationalbibliothek:

Die Deutsche Nationalbibliothek verzeichnet diese Publikation in der Deutschen Nationalbibliografie; detaillierte bibliografische Daten sind im Internet über http://dnb.d-nb.de abrufbar.

Impressum:

Copyright © Science Factory 2019

Ein Imprint der Open Publishing GmbH, München

Druck und Bindung: Books on Demand GmbH, Norderstedt, Germany

Covergestaltung: Open Publishing GmbH

Abstract

Die vorliegende Bachelorarbeit beschäftigt sich mit der inneren Kündigung des Mitarbeiters und Maßnahmen zur Prävention.

Ziel dieser Arbeit ist es, zu verdeutlichen, wie es zu einer „inneren Kündigung des Mitarbeiters" kommen kann und welche Präventionsmaßnahmen hierfür am besten geeignet sind.

Auf der Grundlage der Auswertung aktueller Fachliteratur wird das Phänomen innere Kündigung des Mitarbeiters abgebildet und aufbauend darauf die Fragestellung beantwortet.

Hinweis:

Aus Gründen der Lesefreundlichkeit wird einheitlich die männliche Form verwendet. Dies dient ausschließlich dem besseren Lesefluss und sollte in keiner Weise diskriminierend verstanden werden.

Inhaltsverzeichnis

Abkürzungsverzeichnis

Abs.	Absatz
Bez.	bezüglich
Bzw.	beziehungsweise
Ebd.	ebenda
Etc.	et cetera
Et al.	et alii
Evtl.	eventuell
Usw.	und so weiter
Vgl.	vergleiche
Z. B.	zum Beispiel

Abbildungsverzeichnis

1. Einleitung

„Ich habe nichts gegen Beamte. Sie tun ja nichts!"[1] – Aussagen wie diese lassen erahnen, dass die öffentliche Verwaltung und besonders ihre Beamten oftmals mit Vorurteilen in Bezug auf ihre Motivation und die entsprechenden qualitativen und quantitativen Arbeitsergebnisse zu kämpfen haben.

Doch was haben solche Aussagen mit der inneren Kündigung zu tun? Und gibt es die innere Kündigung nur in der öffentlichen Verwaltung?

In den letzten Jahrzehnten ist versucht worden, mithilfe von verschiedenen Studien, das Thema zu beleuchten.

Reinhard Höhn machte in seinem Zeitungsartikel „Die innere Kündigung – ein schlimmes Thema" im Jahr 1982 als Erster[2] auf den Begriff innere Kündigung aufmerksam. Er berichtete von einem Seminar der Akademie für Führungskräfte der Wirtschaft, bei dem es um das unternehmerische Verhalten der Mitarbeiter ging. In diesem Seminar erklärte ein Teilnehmer, dass er seinem Chef die innere Kündigung ausgesprochen hat, welche Gründe hierfür ausschlaggebend waren und inwiefern sich seine innere Kündigung äußert.[3]

Auch heute nach 36 Jahren zeigen unterschiedliche Studien, dass die innere Kündigung noch immer präsent ist.

Die GGB Beratungsgruppe Stuttgart und das psychologische Institut der Universität Tübingen befragten in einer Studie 486 Mitarbeiter aus über zehn genossenschaftlichen Kreditinstituten sowie aus zwei großen Behörden mit insgesamt 165 Mitarbeitern. Dabei wurde das Ausmaß der inneren Kündigung in der Behörde auf 31,78 % der Mitarbeiter geschätzt.[4] Aus dem iga.Report$_{33}$ von 2016 geht hervor, dass jeder fünfte Mitarbeiter in einer Organisation bereits innerlich gekündigt hat.[5] Der Report basiert auf Onlinebefragungen von Personalverantwortlichen und Führungskräften, Interviews mit Personalverantwortlichen und Interviews mit Experten, welche beratend in Organisationen tätig sind.[6]

---

[1]   Vgl. http://witze.net/beamtenwitze, Stand: 09.08.2018.
[2]   Vgl. Faller, 1991, S. 82.
[3]   Vgl. Höhn, 1982 a, S. 1.
[4]   Vgl. Brinkmann & Stapf, 2001, S. 689 f.
[5]   Vgl. Scheibner, Hapkemeyer & Banko, 2016, S. 20.
[6]   Vgl. ebd., S. 10.

Der seit 2001 jährliche Engagement-Index von Gallup kommt zu dem Ergebnis, dass etwa 15 – 24 % der Mitarbeiter innerlich gekündigt haben.[7] Der Engagement-Index wird über 12 Fragen ermittelt, welche mittels computergestützten Telefoninterviews geführt wurden.[8]

Diese Erhebungen deuten darauf hin, dass die innere Kündigung nicht nur mit der öffentlichen Verwaltung in Verbindung zu bringen ist.[9] Dennoch ist „die innere Kündigung eines Beamten (…) besonders gravierend, da sie die Vorstellung vom Wesen des Beamtentums ins Mark trifft.“[10] Insgesamt sind die Forschungsergebnisse in Bezug auf die innere Kündigung sehr spärlich und beruhen auf nur wenigen empirischen Daten.[11]

> Ziel dieser Arbeit ist es, zu verdeutlichen, wie es zu einer „inneren Kündigung des Mitarbeiters" kommen kann und welche Präventionsmaßnahmen hierfür am besten geeignet sind.

Die vorliegende Arbeit gliedert sich in fünf Teilbereiche. Im Anschluss an dieses einleitende Kapitel werden im zweiten Kapitel die themenrelevanten Grundlagen dargestellt. Zunächst werden die Begriffe Bedürfnis, Motiv, Ziel und Motivation definiert und voneinander abgegrenzt, um ein Grundverständnis von Motivation herzuleiten. Anschließend wird der Begriff Arbeitszufriedenheit definiert und der psychologische Vertrag erklärt.

Kapitel drei und vier bilden den Kern dieser Arbeit: Das dritte Kapitel befasst sich mit Fragen rund um die innere Kündigung. Der Begriff innere Kündigung wird definiert, von der äußeren Kündigung abgegrenzt und von Burnout unterschieden. Anschließend werden verschiedene motivationstheoretische Ansätze betrachtet und versucht die Entstehung der inneren Kündigung daran abzuleiten. Danach werden Gründe, die zur inneren Kündigung führen können, aufgeführt. Die Darstellung des Entwicklungsprozesses und die Auswirkungen, die die innere Kündigung mit sich bringen kann, runden dieses Kapitel ab.

---

[7] Vgl. Gallup, 2017 a, S. 18.

[8] Vgl. Gallup, 2017 b, S. 3.

[9] Vgl. Krystek, Becherer & Deichelmann, 1995, S. 21 ff.

[10] Vgl. Höhn, 1989, S. 5.

[11] Vgl. Brinkmann & Stapf, 2001, S. 688.

Im vierten Kapitel werden auf Basis der untersuchten Hypothesen über die Gründe, die die innere Kündigung auslösen können, konkrete Maßnahmen und Lösungsansätze aufgezeigt.

Abschließend folgen im fünften Kapitel eine Zusammenfassung der gewonnenen Erkenntnisse und ein Fazit.

2. Themenrelevante Grundlagen

In diesem Kapitel werden die Begriffe Bedürfnis, Motiv, Ziel und Motivation erläutert und voneinander abgegrenzt. Anschließend wird der Begriff Arbeitszufriedenheit definiert und der psychologische Vertrag dargestellt.

2.1 Abgrenzung von Motivation

Bedürfnis

Laut Jost wird als Bedürfnis die Mängelempfindung einer Person bezeichnet, welche aufgrund eines physiologischen oder psychologischen Ungleichgewichts entstanden ist. Unter einem physiologischen Bedürfnis, welches auch Defizitbedürfnis genannt werden kann,[12] versteht er die primären Grundbedürfnisse einer Person, welche auf biologischen Erfordernissen beruhen und demzufolge angeboren sind. Dazu gehören Luft, Wasser, Nahrung, Sexualität sowie das Vermeiden von Schmerzen oder Schaden.[13]

Psychologische Bedürfnisse, auch als Wachstumsbedürfnisse bekannt,[14] sind dem Menschen nicht angeboren. Sie werden von einer Person erworben oder erlernt. Demnach sind diese als sekundäre Bedürfnisse einer Person zu verstehen. Darunter fasst Jost z. B. das Bedürfnis nach Geld.[15]

Physiologische Bedürfnisse werden als die Mächtigsten unter allen verstanden. Mangelt es einem menschlichen Wesen an allem, so wird es bevor es dem psychologischen Bedürfnis nachkommt wahrscheinlich zuerst das physiologische Bedürfnis stillen.[16]

Motiv

Unter dem Begriff Motiv sind positiv bewertete und potenziell angestrebte Zielzustände zu verstehen.[17] Diese Zielzustände haben sich in der Person im Laufe ihrer Sozialisation als überdauernde und relativ konstante Motivdispositionen

---

12 Vgl. Laufer, 2013, S. 35.
13 Vgl. Jost, 2008, S. 20.
14 Vgl. Laufer, 2013, S. 35.
15 Vgl. Jost, 2008, S. 21.
16 Vgl. Maslow, 2016, S. 63.
17 Vgl. Berthel & Becker, 2013, S. 49.

herausgebildet.[18] Unter einer Disposition wird die Bereitschaft einer Person, auf Situationen in einer spezifischen Weise zu reagieren, verstanden.[19] Kurz gesagt: Die Zielzustände legen fest, was eine Person will oder wünscht.[20]

Aktiviert werden die Motive durch Bedürfnisse, welche aufgrund eines physiologischen oder psychologischen Ungleichgewichts entstanden sind.[21]

Ziel

Ziele veranlassen eine Person in eine bestimmte Richtung zu Handeln.[22] Dabei werden die Vorstellung und das Wissen der Person auf die angestrebten Handlungsergebnisse hin ausgerichtet. Demnach sind Handlungen ohne Ziele undenkbar.

Ziele können in drei Arten unterschieden werden: soziale, leistungsthematische und emotionale Ziele. Soziale Ziele dienen dem Erhalt und der Pflege sozialer Beziehungen. Leistungsthematische Ziele sind hilfreich bei z. B. Denkaufgaben oder motorischen Aufgaben, um etwas über das eigene Leistungsvermögen in Erfahrung zu bringen. Emotionale Ziele definieren emotionale Handlungsergebnisse, z. B. die Vermeidung von Scham und Ärger.[23]

Nicht alle Ziele werden ohne weiteres zufriedenstellend realisiert. Die Voraussetzung hierfür ist, dass die folgenden Punkte erfüllt sind:

- S   Spezifisch
- M   Messbar
- A   Ausführbar
- R   Realistisch
- T   Terminiert

Unter Spezifisch ist eine klare und eindeutige Beschreibung des Ziels zu verstehen. Messbar meint, dass das angestrebte Ziel erkennbar, objektiv feststellbar und somit überprüfbar ist. Mit ausführbar wird gemeint, dass das Ziel ein gewisses Leistungsniveau fordert und somit nicht alltäglich ist. Das Ziel sollte eine Person weder über-

---

[18]   Vgl. Heckhausen & Heckhausen, 2010, S. 4.
[19]   Vgl. Jost, 2008, S. 20.
[20]   Vgl. Berthel & Becker, 2013, S. 49.
[21]   Vgl. Staehle, 1999, S. 166.
[22]   Vgl. Vollmeyer, 2005, S. 157.
[23]   Vgl. Kleinbeck, 2010, S. 285 f.

, noch unterfordern und somit realisierbar sein. Eine Terminierung ist wichtig, damit das Ziel nicht aus den Augen verloren wird. Daher sollte jedes Ziel einen Zeitpunkt haben, an dem es endet.[24]

Somit ist festzuhalten, dass der Wunsch nach **Bedürfnisbefriedigung** zum **Motiv** wird, welches wiederum das eigene Handeln beeinflusst und somit ein bestimmtes **Ziel** angestrebt wird.[25]

Motivation

Die Motivation ist die Summe der Motive, die wiederum das Verhalten, Denken oder Handeln einer Person bestimmen.[26] Damit kann Motivation als Gesamtprozess der Bedürfnisse, Motive und Ziele gesehen werden.[27]

Aber warum scheinen manche Menschen hoch motiviert und anderen fällt das Erfüllen ihrer Aufgaben schwer? Es werden zwei Formen von Motivation unterschieden, welche bei der Erklärung menschlichen Verhaltens von zentraler Bedeutung sind. Dabei handelt es sich um die intrinsische und die extrinsische Motivation, welche im Folgenden definiert werden.

Intrinsische Motivation

Von der intrinsischen Motivation, auch als Primärmotivation[28] bekannt, ist die Rede, wenn eine Person um ihrer selbst Willen und aus eigenem Antrieb, von innen heraus handelt.[29] Eine Person welche intrinsisch motiviert ist, hat somit keinen äußeren Anreiz, welcher ihre Handlung beeinflusst oder gar auslöst.[30] Intrinsische Arbeitsmotive sind z. B. der Wunsch nach Leistung, Macht, Einfluss, Kontakt und körperliche Bestätigung.[31] Dies kann sich beispielsweise darin äußern, dass eine Person freiwillig ein Seminar besucht, welches für die Arbeit nützlich ist.[32] Der Aspekt, dass das Seminar bei der Arbeit nützlich ist, ist allerdings nicht der Grund,

---

[24] Vgl. Kratz, 2014 a, S. 30.

[25] Vgl. Jost, 2008, S. 21.

[26] Vgl. Laufer, 2013, S. 34.

[27] Vgl. Kirchler & Walenta, 2010, S. 9.

[28] Vgl. Laufer, 2013, S. 36.

[29] Vgl. Rheinberg & Vollmeyer, 2012, S. 149.

[30] Vgl. Kirchler, 2011, S. 321.

[31] Vgl. Comelli, Rosenstiel & Nerdinger, 2014, S. 11.

[32] Vgl. Laufer, 2013, S. 37.

warum die Person das Seminar besucht. Rein das persönliche Interesse ist hierfür verantwortlich.

Extrinsische Motivation

Extrinsisch motiviert ist eine Person, wenn sie etwas unternimmt, damit durch ihr momentanes Handlungsziel ein anderes, für sie wichtigeres Ziel erreicht wird. Diese Art von Motivation kann auch als Sekundärmotivation bezeichnet werden. Extrinsisch motiviert ist eine Person z. B. dann, wenn sie eine Lohnerhöhung anstrebt und diese nur durch den Besuch eines Seminars vom Arbeitgeber genehmigt wird. Demnach wird die extrinsisch motivierte Person das Seminar besuchen (momentanes Handlungsziel), um das für sie wichtigere Ziel (Lohnerhöhung) zu erreichen.[33]

Die extrinsische Motivation kann wiederum in zwei Arten unterschieden werden. Zum einen die extrinsische Motivation materieller und zum anderen, die der immateriellen Art. Bei der materiellen Art handelt es sich z. B. um Streben nach Geld oder Konsumleistungen und bei der immateriellen Art handelt es sich z. B. um Sicherheitsstreben, Karrierestreben, Kontaktstreben und Prestigestreben.[34]

Vergleich zwischen der intrinsischen und extrinsischen Motivation

In der Regel hält die intrinsische Motivation länger als die extrinsische Motivation an. Dies heißt jedoch nicht, dass diese dadurch weniger Beachtung erhalten sollte. Mit der Zeit kann die intrinsische Motivation durch beispielsweise Gewohnheit abnehmen. Doch wie kann der Gewohnheit entgegengewirkt und intrinsische Motivation aufrechterhalten werden? Hilfreich ist es, wenn die Arbeit durch Maßnahmen wie Aufgabenerweiterung, Weiterentwicklung der Stellenaufgaben oder Stellenwechsel gepflegt werden.[35]

Empirisch betrachtet sind die intrinsische und extrinsische Motivation nicht immer eindeutig voneinander zu trennen. Meistens treten beide Motivationen gemeinsam auf.[36]

---

[33] Vgl. ebd., S. 37.

[34] Vgl. Berthel & Becker, 2013, S. 84.

[35] Vgl. Drumm, 2008, S. 408.

[36] Vgl. Frey & Osterloh, 2002, S. 25.

2.2 Definition von Arbeitszufriedenheit

Arbeitszufriedenheit entsteht, wenn es im Rahmen der Arbeitstätigkeit zur erfolgreichen Erreichung von Zielen und am Ende der Handlungsausführung zu einer positiven Bewertung kommt. Umso mehr die zu leistenden Tätigkeiten mit den eigenen Motiven übereinstimmt, umso wahrscheinlicher ist es, dass dadurch Arbeitszufriedenheit bei einer Person erreicht wird. Eine motivspezifische Zielerreichung wird durch ein ausgeprägtes Motivierungspotential nahe gelegt. Dies führt wiederum dazu, dass sich Arbeitsmotivation und Arbeitszufriedenheit sehr stark ähneln. Es geht sogar so weit, dass die Arbeitszufriedenheit als Funktion der Arbeitsmotivation verstanden werden kann.[37]

Kurz zusammengefasst kann unter Arbeitszufriedenheit das Ergebnis der Bewertungen verschiedener Soll-Ist-Vergleiche verstanden werden.[38]

2.3 Der psychologische Vertrag

Der psychologische Vertrag ist ein Tausch- und Anpassungsprozess zwischen Individuum und Organisation, welcher die Höhe der Leistungsbereitschaft bestimmt. Er basiert auf vielfältigen gegenseitigen Erwartungen. Diese Austauschbeziehung zwischen Arbeitgeber und Arbeitnehmer ist weder rechtlich abgesichert, noch vertraglich fixiert.[39] Es handelt sich beim psychologischen Vertrag um eine unsichtbare Ergänzung des förmlichen Arbeitsvertrags. Von Seiten der Organisation werden z. B. Anpassung und Unterordnung in vorhandene Strukturen, uneingeschränkte Loyalität der Mitarbeiter sowie Verfügbarkeit der Arbeitskraft erwartet, um den psychologischen Vertrag zu erfüllen bzw. aufrecht zu erhalten. Für den Mitarbeiter ist er eingelöst, wenn beispielsweise Möglichkeiten der Förderung (Gehaltstechnisch, Aus- und Weiterbildung), der Unterstützung und der Gerechtigkeit einschließlich der Berechenbarkeit der Organisation gegeben sind.[40] Psychologische Verträge können als Resultat dynamischer Anpassungen verstanden werden. Dabei ändern sich die Erwartungen und Ansprüche der Vertragspartner im Zeitablauf inhaltlich.[41]

---

[37] Vgl. Brinkmann & Stapf, 2005, S. 179.
[38] Vgl. Massenbach, 2001, S. 77.
[39] Vgl. Faller, 1991, S. 32.
[40] Vgl. Echterhoff, Poweleit & Schindler, 1994, S. 59.
[41] Vgl. Deutsche Gesellschaft für Personalführung, 2011, S. 33.

Stimmen nach einer inhaltlichen Änderung die gegenseitigen Erwartungen nicht mehr überein, kommt es zu einem Bruch des psychologischen Vertrags.[42] Dieser Prozess und die damit einhergehenden Auswirkungen werden unter den Punkten 3.5 und 3.6 genauer thematisiert.

---

[42] Vgl. Solga, 2016, S. 356 f.

3. Die innere Kündigung

Im Folgenden werden zuerst die theoretischen Grundlagen zur inneren Kündigung gelegt, die innere von der äußeren Kündigung abgegrenzt und von Burnout unterschieden. Anschließend werden verschiedene motivationstheoretische Ansätze betrachtet und versucht die Entstehung der inneren Kündigung daran abzuleiten. Zudem werden Gründe, die zur inneren Kündigung führen können, aufgeführt. Die Darstellung des Entwicklungsprozesses und die Auswirkungen, die die innere Kündigung mit sich bringen kann, runden dieses Kapitel ab.

3.1 Definition der inneren Kündigung

Unter dem Begriff „innere Kündigung" kann sich nicht jeder auf Anhieb etwas vorstellen. Aufgrund dessen soll zuerst einmal die äußere Kündigung, welche durchaus bekannter ist, erläutert werden. Im Anschluss daran soll geklärt werden, ob es Unterschiede zwischen der äußeren und der inneren Kündigung gibt und wenn ja, welche. Aufbauend darauf wird die innere Kündigung definiert.

Unter der äußeren Kündigung wird eine einseitige empfangsbedürftige Willenserklärung verstanden, welche eine unmittelbare und rechtsgestaltende Wirkung hat.[43] Demzufolge muss z. B. der Arbeitgeber über die Kündigung von Seiten des Arbeitnehmers informiert werden.

Hier liegt bereits der grundsätzliche Unterschied zwischen der äußeren und der inneren Kündigung.

Erfolgt eine innere Kündigung, so folgt dieser keine Erklärung von z. B. dem Arbeitnehmer gegenüber dem Arbeitgeber. Die innere Kündigung erfolgt also unsichtbar und spielt sich im Inneren der betreffenden Person ab. Hierbei ist zu beachten, dass diese Art der Kündigung nicht nach außen getragen wird. Somit stellt die Verwendung des Wortes „innere" eine sinngemäße Bezeichnung dar.[44]

Bisher basiert die Mehrheit der Literatur zur inneren Kündigung auf praxisorientierten Beiträgen und somit auf Plausibilitätsschlüsse. Eher weniger kann auf empirische Befunde zurückgegriffen werden.[45] Dies spiegelt sich auch bei dem

---

[43] Vgl. Schneck, 2007, S. 570.

[44] Vgl. Faller, 1991, S. 88.

[45] Vgl. Brinkmann & Stapf, 2005, S. 10, vgl. Hilb, 1992, S. 3.

Versuch die innere Kündigung zu definieren wieder. Noch immer gibt es keine einheitliche Definition über das Phänomen.[46] Um den Begriff innere Kündigung zu präzisieren, werden im Folgenden die geläufigsten Definitionen zusammengetragen.

Laut Höhn ist „die innere Kündigung eines Mitarbeiters (...) der bewußte Selbstverzicht auf Engagement und Eigeninitiative im Unternehmen und damit die Ablehnung einer der wichtigsten Anforderungen, die an einen Mitarbeiter zu stellen sind."[47]

Höhn geht noch weiter und veröffentlicht 1989 sein Buch „Die innere Kündigung in der öffentlichen Verwaltung". Darin definiert er explizit die innere Kündigung in Bezug auf die öffentliche Verwaltung:

> „Die innere Kündigung eines Beamten ist der bewußte Verzicht auf Engagement und Einsatzbereitschaft in seinem Beruf und damit die Ablehnung der wichtigsten Anforderungen, die heute in Wirtschaft wie Verwaltung an einen Mitarbeiter zu stellen sind."[48]

Auch Autoren wie Hablützel und Echterhoff thematisieren in Bezug auf die innere Kündigung den öffentlichen Dienst. Hablützel stellt dabei unter anderem die These auf, dass in der öffentlichen Verwaltung erst dann systemkonform gearbeitet werden kann, wenn der Mitarbeiter die innere Kündigung schon vollzogen hat.[49]

Echterhoff bezeichnet die öffentliche Verwaltung als „Keimzelle der Inneren Kündigung" und ist demzufolge der Auffassung, dass ein idealer Beamter faul und nicht initiativ ist.[50]

Er bezeichnet die innere Kündigung zu einem späteren Zeitpunkt als „(...) einen persönlichen Zustand, der durch innerliches Abrücken von der Arbeitsumgebung und durch Verweigerung von Eigeninitiative und Einsatzbereitschaft im Unternehmen gekennzeichnet ist."[51]

---

46   Vgl. Brinkmann & Stapf, 2005, S. 19.

47   Vgl. Höhn, 1982 b, S. 1.

48   Vgl. Höhn, 1989, S. 21.

49   Vgl. Hablützel, 1992, S. 31.

50   Vgl. Echterhoff et al., 1994, S. 50.

51   Vgl. Echterhoff, Poweleit, Schindler & Kreuz, 1997, S. 33.

Auch wenn sie sich nicht auf den öffentlichen Dienst beziehen, sind nachfolgend weitere ergänzende Definitionen aufgelistet:

Raidt beschreibt die innere Kündigung „(...) als „lautloser Protest" von Menschen, die die offene Konfliktaustragung in Form der äußeren Kündigung nicht oder noch nicht auf sich nehmen können oder wollen (...)."[52]

Löhnert differenziert zwischen der aktiven und passiven Form der inneren Kündigung. Er weist darauf hin, dass es durchaus auch zu Mischformen kommen kann. Die aktive Form der inneren Kündigung tritt dann ein, wenn ein Betroffener sich in einer für ihn wichtigen Situation ungerecht behandelt fühlt und sich dies nicht ändern lässt. Es wird versucht, durch eine beabsichtigte vollzogene innere Kündigung, die Situation wieder für sich „gerecht" zu gestalten und dadurch die Kontrolle zurückzugewinnen.

Ein dauerhaft wahrgenommener Kontrollverlust über die eigene Arbeitssituation kann die bewusst vollzogene resignativ-reagierende passive Form zur Folge haben. Machen Betroffene die Erfahrung, dass ihr Verhalten nach vollzogener innerer Kündigung für sie keine oder gar positive Konsequenzen nach sich zieht, kann sich dieses Verhalten verfestigen.[53]

Faller definiert die innere Kündigung als „(...) ein zeitlich relativ stabiles Verhaltensmuster bzw. eine zeitlich andauernde Verhaltensintention, die mit einer ablehnenden, später auch depressiv-resignativen Grundhaltung gegenüber der Arbeitsstation in Verbindung steht."[54]

Hilb versteht „unter Innerer Kündigung (...) [den] bewusste[n] oder unbewusste[n] Verzicht auf Engagement am Arbeitsplatz von seiten der Mitarbeiter (...)."[55]

---

[52] Vgl. Raidt, 1989, S. 68.
[53] Vgl. Löhnert, 1990, S. 109 f.
[54] Vgl. Faller, 1991, S. 86.
[55] Vgl. Hilb, 1992, S. 5.

Gross' Definition ist folgende:

> „Die innere Kündigung meint (...) eine stille mentale Verweigerung engagierter Leistung. Mental ist sie, weil sie tief im Inneren sitzt, und still ist sie, weil sie sich nicht in einem offenen Akt der Kündigung niederschlägt, sondern in Arbeit und Leistung mit halben Herz und halber Kraft."[56]

Krystek, Becherer und Deichelmann kommen durch ihre Untersuchung zu der nahezu gleichen Definition wie Gross.[57]

Elsik ist der Auffassung, dass „im Gegensatz zur offenen Kündigung (...) bei der inneren Kündigung das Arbeitsverhältnis nicht aufgelöst, sondern die Erbringung jener Leistungen aufgekündigt [wird], die über das vorgeschriebene und mittels Sanktionen rechtlich durchsetzbare Mindestmaß hinausgeht."[58]

Er greift in seiner Definition zum ersten Mal auf, dass die innere Kündigung stillschweigend erfolgt.[59]

Riedl spricht nicht von der inneren Kündigung, sondern von der „inneren Emigration":

> „Die „Innere Emigration" ist also eine Strategie zur Handhabung einer unbefriedigenden Arbeitssituation."[60]

Neben „innere Emigration" gibt es für die innere Kündigung in der Literatur auch Synonyme wie „innere Verweigerung", „Selbstbeurlaubung", „unausgesprochene Kündigung", „innere Abwanderung",[61] „Selbstpensionierung",[62] etc.

Massenbach versteht „(...) unter Innere Kündigung eine Distanzierung von der Stelle (...), die bewusst oder unbewusst vollzogen wird und zu einem Verzicht auf Engagement führt."[63]

---

56   Vgl. Gross, 1992, S. 87.
57   Vgl. Krystek et al., 1995, S. 10 f.
58   Vgl. Elsik, 1993, S. 993.
59   Vgl. Brinkmann & Stapf, 2005, S. 18.
60   Vgl. Riedl, 1996, S. 60.
61   Vgl. Brinkmann & Stapf, 2005, S. 18.
62   Vgl. Scheibner, Hapkemeyer & Banko, 2016, S. 15.
63   Vgl. Massenbach, 2001, S. 9.

Für Comelli, Rosenstiel und Nerdinger bedeutet innere Kündigung, dass ein Mitarbeiter endgültig beschlossen hat, die Firma nicht zu verlassen.[64]

Kratz definiert die innere Kündigung als „(...) die gezielte und bewusste Verweigerung des beruflichen Engagements und die Verringerung des Arbeitseinsatzes bis zu einem gerade noch vertretbaren Ausmaß (...)."[65]

Zusammenfassend ist zu erkennen, dass die innere Kündigung in der älteren Literatur als „individueller Zustand" verstanden wird, welcher beobachtbar und durch Symptome wie Niedergeschlagenheit, Stress, Burnout oder psychosomatische Krankheiten gekennzeichnet ist.

Die neuere Literatur hingegen betont besonders den „Prozesscharakter" der inneren Kündigung. Dabei ist die innere Kündigung der Endzustand eines Prozesses, welcher bewusst oder unbewusst durch den Betroffenen gewählt wird.[66]

3.2 Unterschied zu Burnout

Was ist Burnout und steht dieses im Zusammenhang mit der inneren Kündigung eines Mitarbeiters? Diese Fragen sollen unter diesem Punkt geklärt werden.

Burnout beschreibt einen Zustand von emotionaler Erschöpfung, Depersonalisierung und Gefühle von reduzierter persönlicher Leistungsfähigkeit.[67] Emotionale Erschöpfung äußert sich durch emotionale und körperliche Kraftlosigkeit. Dieses Symptom wird als zentraler Aspekt gesehen. Depersonalisierung beschreibt ein abgestumpftes und gefühlsloses Verhalten gegenüber den Mitmenschen. Dabei wird versucht Distanz zu schaffen. Reduzierte Leistungsfähigkeit beschreibt ein Gefühl von eigenem Versagen und führt zum Verlust des Vertrauens in die eigenen Fähigkeiten.[68]

Ursprünglich wurde Burnout als ein Syndrom angesehen, welches überwiegend Personen in sozialen Berufen betrifft. Diese Einschränkung ist nicht zutreffend, da

---

[64] Vgl. Comelli et al., 2014, S. 122.

[65] Vgl. Kratz, 2014 b, S. 14.

[66] Vgl. Brinkmann & Stapf, 2005, S. 19.

[67] Vgl. Rosenstiel & Nerdinger, 2011, S. 68.

[68] Vgl. Nil et al., 2010, S. 73.

es auch in anderen Berufen und außerberuflichen Bereichen z. B. gegenüber der Familie zu Burnout kommen kann.[69]

Es ist festzustellen, dass Personen, die von Burnout betroffen sind, anfänglich ein großes Engagement aufzeigen. Es wird von „entflammen" gesprochen.[70] Burnout-Gefährdete haben demnach ein sehr hohes Anspruchsniveau an sich selbst und die zu leistende Arbeit.[71] Die oben beschriebenen Symptome führen dazu, dass die „entflammte" Person „ausbrennt".[72]

Wird die innere Kündigung dem Burnout gegenübergestellt, so kann festgestellt werden, dass es bei betroffenen Personen besonders Unterschiede im Verhalten und der Einstellung zur Arbeit gibt.[73] Dies äußert sich insofern, dass beim Burnout lange an leistungsbezogenen Sollvorstellungen festgehalten wird. Erst wenn die betroffene Person den Zustand der absoluten psychischen und körperlichen Erschöpfung erreicht hat, werden die Sollvorstellungen aufgegeben.

Bei der inneren Kündigung hingegen verschwindet das ehemalige Engagement, was dazu führt, dass die betroffene Person den Sollvorstellungen „kündigt".

Eine von Burnout betroffene Person hält an ihrem Anspruchsniveau und den an sich gestellten Forderungen weiter fest, während eine Person welche innerlich gekündigt hat, dies alles aufgibt.[74] Burnout führt letztendlich dazu, dass die betroffene Person nicht die Leistung erbringen kann, welche sie gerne erbringen möchte. Die Person welche innerlich gekündigt hat hingegen, könnte vielleicht, möchte aber nicht bzw. nicht mehr die zuvor erbrachte Leistung erbringen.[75]

---

69 Vgl. Burisch, 1989, S. 9, vgl. Burisch, 2014, S. 23.

70 Vgl. Brinkmann & Stapf, 2005, S. 138.

71 Vgl. Riedl, 1996, S. 59.

72 Vgl. Sprenger, 2018, S. 12.

73 Vgl. Krenz-Maes, 1998, S. 49.

74 Vgl. Schmitz, 2004, S. 63.

75 Vgl. Schmitz, Gayler & Jehle, 2002, S. 58.

3.3 Motivationstheoretische Ansätze

Motivationstheoretische Ansätze gehen davon aus, dass das Verhalten einer Person durch latente, zeitlich relativ unveränderliche Bedürfnisse bestimmt wird, welche durch innere und äußere Anreize aktiviert werden können.[76] Die motivationstheoretischen Ansätze können in zwei verschiedene Theorien unterteilt werden: Inhaltstheorien der Motivation und Prozesstheorien der Motivation.[77] Im folgenden Abschnitt werden ausgewählte Inhalts- und Prozesstheorien der Motivation erklärt und versucht die Entstehung der inneren Kündigung daran abzuleiten.

Die betrachteten Theorien beschäftigen sich mit der Frage der Arbeitsmotivation und lassen sich auf die Bedingungen von Arbeitszufriedenheit übertragen.[78]

3.3.1 Inhaltstheorien der Motivation

Die Inhaltstheorien der Motivation versuchen die Frage zu beantworten, was und welche inhaltlichen Faktoren eine Person oder ihre Umwelt zum Handeln bewegt und wie dieses Handeln aufrechterhalten bleibt.[79] Hierzu gibt es zahlreiche unterschiedliche Ansätze.

Zwei-Faktoren-Theorie von Herzberg

Die Zwei-Faktoren-Theorie von Herzberg und seinen Kollegen entstand 1959 auf der Basis empirischer Erhebungen. Insgesamt wurden bei der Pittsburgh-Studie ca. 200 Techniker und Buchhalter mithilfe von teilstrukturierten Interviews befragt.[80] Herzberg und seine Kollegen stellten unter anderem folgende Frage:

> „Think of a time in the past when you felt especially good or bad about your job. It may have been on this job or any other. Can you think of such a high or low point in your feelings about your job? Please tell me about it."[81]

---

[76] Vgl. Holtbrügge, 2010, S. 13.

[77] Vgl. Wunderer, 2011, S. 112, 118.

[78] Vgl. Bruggemann, Groskurth & Ulich, 1975, S. 20.

[79] Vgl. Kirchler, 2011, S. 326.

[80] Vgl. Berthel & Becker, 2013, S.56.

[81] Vgl. Herzberg, Mausner & Snyderman, 1959, S. 20.
Übersetzung: „Denken Sie an eine Zeit in der Vergangenheit, in der Sie sich besonders gut oder schlecht in Ihrem Job gefühlt haben. Es kann in Ihrem jetzigen oder einem anderen Job gewesen sein. Können Sie sich an Höhe- oder Tiefpunkte Ihrer Gefühle in Ihrem Job erinnern? Bitte erzählen Sie mir darüber."

Die empirischen Erhebungen ergaben, dass Arbeitszufriedenheit von zwei Faktoren abhängig ist:[82] **Hygienefaktoren und Motivatoren.**

Hygienefaktoren sind Faktoren, welche Arbeitsunzufriedenheit verhindern können. Kommt es zur Nichterfüllung dieser Faktoren, so führt es zur Unzufriedenheit.[83] Zu Hygienefaktoren zählen: Leistung, Anerkennung, die Arbeit selbst, Verantwortung, Beförderung und Wachstum (Abbildung 1).[84]

Motivatoren sind Faktoren, mit denen, wenn sie erfüllt werden, Arbeitszufriedenheit erreicht werden kann. Bei Nichterfüllung hingegen führt es zu Nicht-Zufriedenheit.[85] Zu Motivatoren zählen: Unternehmenspolitik und Verwaltung, Überwachung, Beziehung zum Vorgesetzten, Arbeitsbedingungen, Gehalt, Beziehungen zu Kollegen, eigenes Leben, Beziehungen zu Untergebenen, Status und Sicherheit (Abbildung 1).[86]

Werden beide Faktoren betrachtet, so ist zu erkennen, dass für eine gute und nachhaltige Arbeitszufriedenheit wirksame Motivatoren gebraucht werden und dabei die Hygienefaktoren nicht vernachlässigt werden dürfen.[87]

---

[82] Vgl. Burisch, 2014, S. 117.
[83] Vgl. Neuberger, 1974, S. 122.
[84] Vgl. Herzberg, 1987, S. 8.
[85] Vgl. Neuberger, 1974, S. 122.
[86] Vgl. Herzberg, 1987, S. 8.
[87] Vgl. Laufer, 2013, S. 45.

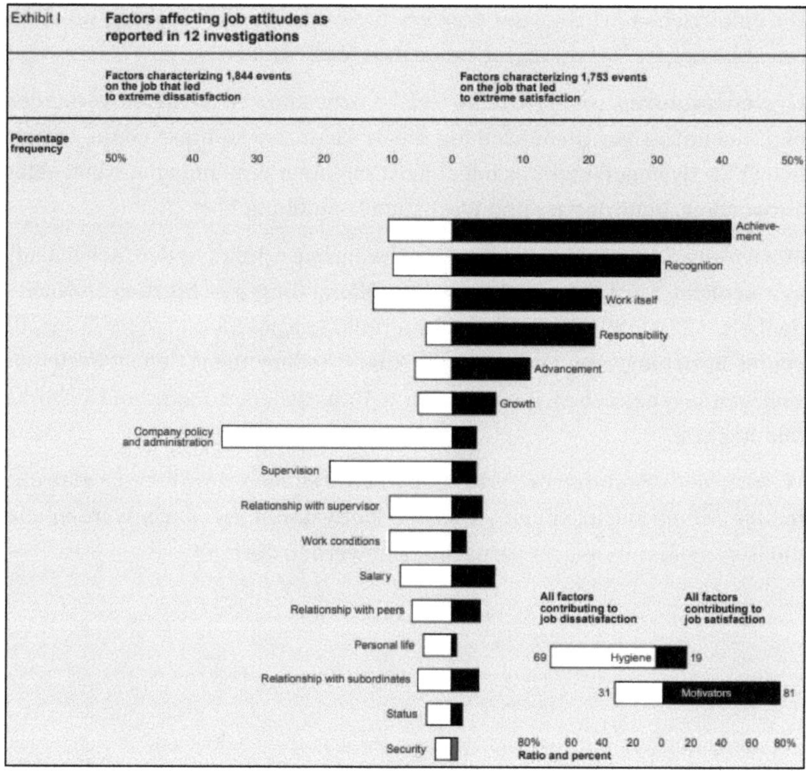

Abbildung 1: Einflussfaktoren auf die Arbeitseinstellung.[88]

Nicht außer Acht zu lassen ist, dass die Zwei-Faktoren-Theorie von Herzberg und seinen Kollegen oft kritisiert wurde.[89] Dies liegt überwiegend an der Methodengebundenheit seiner Ergebnisse. Hinzu kommt, dass die Befunde von Herzberg nur in wenigen Fällen bestätigt wurden. Damit ist die Aussage von Herzberg zwar nicht valide, jedoch dient sie durchaus der Erklärung von Alltagserfahrungen.[90]

Laut Richter kann die innere Kündigung als ein Zustand von hoher Arbeitsunzufriedenheit mit entsprechendem reduktivem Leistungsverhalten beschrieben

---

[88] Herzberg, 1987, S. 8.

[89] Vgl. Rosenstiel & Nerdinger, 2011, S. 91.

[90] Vgl. Staehle, 1999, S. 226.

werden. Demnach würde das Vernachlässigen der Hygienefaktoren zur inneren Kündigung führen.[91]

Zum jetzigen Zeitpunkt liegt keine empirische Erhebung vor, welche Richters Aussage bestätigt oder widerlegt. Hinzu kommt die Kritik, dass die Theorie nicht valide genug ist.[92] Aus diesem Grund hat diese Theorie in Bezug auf die innere Kündigung nicht genug Aussagekraft.

3.3.2 Prozesstheorien der Motivation

Die Prozesstheorien der Motivation erklären, wie und warum eine Person eine Handlungsalternative aus verschiedenen Möglichkeiten auswählt, diese durchführt und anschließend das Ergebnis bewertet.[93] Hierbei stehen besonders die kognitiven Vorgänge innerhalb einer Person im Vordergrund.[94]

Für die Prozesstheorien der Motivation gibt es zahlreiche unterschiedliche Ansätze.

Gleichheitstheorie von Adams

Die Gleichheitstheorie von Adams aus dem Jahr 1965 folgt der Annahme, dass zwischen Arbeitnehmer und Arbeitgeber ein Tauschverhältnis besteht. Hierbei bringt der Arbeitnehmer ein Input ein und möchte dafür eine geeignete Gegenleistung vom Arbeitgeber erhalten (Output). Dabei spielt nicht nur das Verhältnis zwischen dem eigenen Input und Output eine Rolle, sondern auch das einer anderen Person.[95]

Als Input werden Faktoren wie Bildung, Intelligenz, Erfahrungen, Ausbildung, Fähigkeiten, Alter, Geschlecht, ethischer Hintergrund und sozialer Status verstanden. Unter Output werden folgende Faktoren verstanden: Entlohnung, Vergünstigungen / Nebenleistungen, Status und Prestige.

Gleichheit und somit Arbeitszufriedenheit zwischen zwei Personen besteht dann, wenn die Person (p) ihr Output (O) im Vergleich zu ihrem Input (I) im gleichen Verhältnis sieht, wie die Relation dieser beiden Größen bei der anderen Person (a):

---

[91] Vgl. Richter, 1999, S. 117.
[92] Vgl. Staehle, 1999, S. 226.
[93] Vgl. Kirchler, 2011, S. 326 f.
[94] Vgl. Becker, 2002, S. 370.
[95] Vgl. Faller, 1991, S. 135.

$$\frac{Op}{Ip} = \frac{Oa}{Ia}$$

Ungerechtigkeit (Arbeitsunzufriedenheit) besteht demnach dann, wenn folgende Verhältnisse gegeben sind:

$$\frac{Op}{Ip} < \frac{Oa}{Ia} \text{ oder } \frac{Op}{Ip} > \frac{Oa}{Ia} \text{ [96]}$$

Wortmann kam diesbezüglich in seiner Dissertation zu folgendem Schluss:

> „In Abgrenzung zum Phänomen Innere Kündigung bedeutet das, dass durch die Leistungsbedingungen im Arbeitsumfeld entweder die Erfüllung von persönlichen Leistungsmotiven verhindert oder kein adäquater, im Gleichgewicht befindlicher Austausch zwischen Leistungsinput und –output wahrgenommen wird. Das Eintreten der Inneren Kündigung und das daraus folgende Verhalten entsprechen damit nicht etwa einer verminderten Arbeitsmotivation, sondern einer Anpassung der Arbeitshaltung zur möglichst weitgehenden Erfüllung der eigenen Handlungsmotive."[97]

Aktuell liegen lediglich empirische Untersuchungen vor, welche im Zusammenhang mit der Bezahlung erhoben wurden. Ob die Theorie speziell zur Herleitung der inneren Kündigung geeignet ist, wurde noch nicht empirisch untersucht. Daher ist die Gleichheitstheorie von Adams nicht ausreichend aussagekräftig, um sie zur Ableitung der inneren Kündigung zu verwenden.

Hinzu kommt folgende Kritik: Faller kritisiert an der Gleichheitstheorie, dass diese zu allgemein formuliert und mehrdeutig ist.[98] Neuberger ist der Auffassung, dass die Theorie nur schwer gemessen werden kann. Dies liegt hauptsächlich daran, dass das Input-Output-Verhältnis von jeder Person anderes wahrgenommen wird. Hinzu kommt, dass laut Neuberger, die Beziehung zwischen Input und Output nicht ausreichend geklärt ist.[99]

---

[96] Vgl. Adams, 1965, S. 276 ff.
[97] Vgl. Wortmann, 2013, S. 38.
[98] Vgl. Faller, 1991, S. 140 f.
[99] Vgl. Neuberger, 1974, S. 101.

Dynamisches Arbeitszufriedenheitsmodell von Bruggemann bzw. Veränderung von Hilb

Bruggemann und ihre Kollegen entwickelten 1975 das dynamische Arbeitszufriedenheitsmodell. Damit wurde zum ersten Mal die zeitliche Dimension bei der Entstehung bzw. Verminderung von Arbeitszufriedenheit berücksichtigt.[100]

Das dynamische Arbeitszufriedenheitsmodell besteht aus sechs unterschiedlichen Typen von Arbeitszufriedenheit / -unzufriedenheit.

Zu Beginn des Modells steht der Soll-Ist-Vergleich des Arbeitsverhältnisses. Dieser kann dazu führen, dass die Sollvorstellungen den Istvorstellungen entsprechen oder diese übersteigen oder dass die Sollvorstellungen den Istvorstellungen nicht entsprechen. Ersteres kann dazu führen, dass die betroffene Person ihr Anspruchsniveau weiter erhöht (progressive Arbeitszufriedenheit) oder dieses aufrechterhält (stabilisierte Arbeitszufriedenheit). Zweiteres kann dazu führen, dass die betroffene Person ihr Anspruchsniveau senkt und somit die Soll-Ist-Vorstellungen ins Gleichgewicht bringt (resignative Arbeitszufriedenheit). Es kann allerdings auch dazu führen, dass die Person am ursprünglichen Anspruchsniveau festhält. Dieses Festhalten kann zur Problemverdrängung (Pseudoarbeitszufriedenheit), zum Verbleib ohne Problemlöseversuche (fixierte Arbeitsunzufriedenheit) oder zur Lösungssuche (konstruktive Arbeitsunzufriedenheit) führen.[101] Nachfolgend wird der beschriebene Vergleich in Abbildung 2 veranschaulicht.

---

[100] Vgl. Faller, 1991, S. 142.
[101] Vgl. Bruggemann et al., 1975, S. 132 ff.

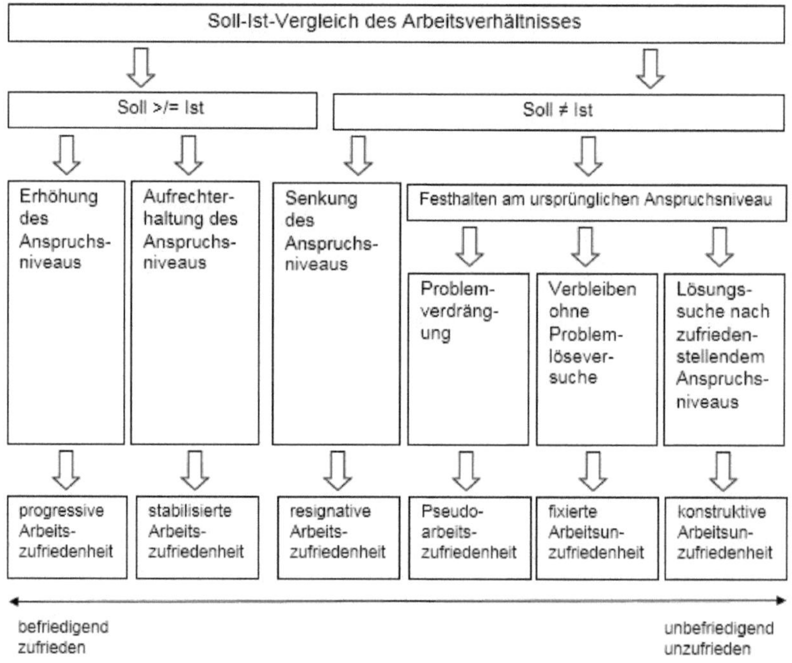

Abbildung 2: Dynamisches Arbeitszufriedenheitsmodell.[102]

An dem Modell von Bruggemann wird auch Kritik geübt. Brinkmann und Stapf sind der Auffassung, dass das Model zwar zum besseren Verständnis der Arbeitszufriedenheit beiträgt, es allerdings keine Aussage darüber trifft, wie genau es zu einer Veränderung des Anspruchsniveaus kommt.[103] Ein weiterer Kritikpunkt ist, dass nicht alle Typen, welche in Bruggemanns Modell aufgeführt werden, empirisch nachgewiesen werden konnten.

Das dynamische Arbeitszufriedenheitsmodell von Bruggemann eignet sich im Zusammenhang mit der inneren Kündigung besser als ein statisches Modell. Dies liegt daran, dass die innere Kündigung nicht von jetzt auf nachher entsteht, sondern durch einen Entwicklungsprozess (siehe Punkt 3.5).

---

[102] Eigene Darstellung in enger Anlehnung an Bruggemann et al., 1975, S. 132 ff.
[103] Vgl. Brinkmann & Stapf, 2005, S. 181.

Laut Faller sind innerlich Gekündigte zuerst dem Typ fixierte Arbeitsunzufriedenheit zuzuordnen. Sinkt die Frustrationstoleranz noch weiter ab, so kann es zur Pseudoarbeitszufriedenheit oder konstruktiven Arbeitsunzufriedenheit führen.[104]

Hilb sieht das ganze ähnlich wie Faller. Er veränderte das dynamische Arbeitszufriedenheitsmodell von Bruggemann in dem er die Position der konstruktiven Arbeitsunzufriedenheit und die der resignativen Arbeitszufriedenheit tauscht. Die resignative Arbeitszufriedenheit wird dabei zur resignativen Arbeits**un**zufriedenheit. Anschließend erfolgt eine Zuordnung der sechs Typen zu Engagement und innere Kündigung (Abbildung 3).

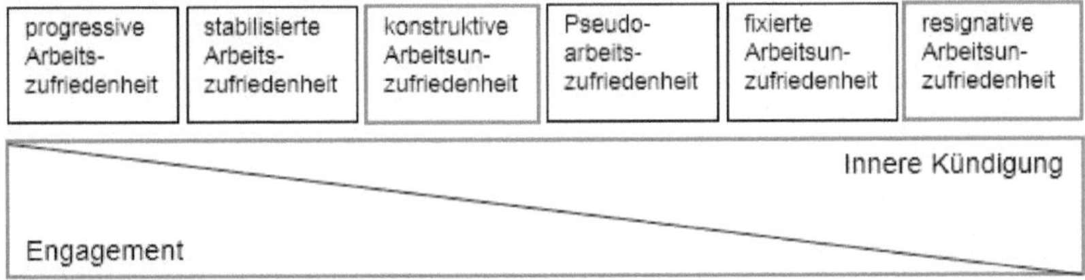

Abbildung 3: Zuordnung von Engagement und innere Kündigung zum dynamischen Arbeitszufriedenheitsmodell.[105]

Zum jetzigen Zeitpunkt liegt keine empirische Erhebung vor, welche die getroffenen Aussagen bestätigen oder widerlegen. Aus diesem Grund kann auf Basis des dynamischen Arbeitszufriedenheitsmodells die Entstehung der inneren Kündigung nicht valide abgeleitet werden.

3.4 Gründe der inneren Kündigung

Die innere Kündigung resultiert aus der Zusammensetzung vieler Faktoren, welche wiederum in einer Wechselwirkung zueinander stehen.[106]

In diesem Kapitel werden vier verschiedene Hypothesen betrachtet, die die Gründe einer inneren Kündigung darlegen könnten.

---

[104] Vgl. Faller, 1991, S. 142 ff.

[105] Vgl. Hilb, 1992, S. 61 zit. nach Brinkmann & Stapf, 2005, S. 182 (Darstellung wurde leicht verändert).

[106] Vgl. Krystek et al., 1995, S. 64, 68.

1. **Hypothese zur Gesellschaft:**

   Die innere Kündigung resultiert aus dem von der Organisation nicht berücksichtigten Wertewandel.

2. **Hypothese zur Organisation:**

   Die innere Kündigung ist das Ergebnis einer starren Organisationsstruktur.

3. **Hypothese zu Führungsfehler des Vorgesetzten:**

   Die innere Kündigung ist die Folge von einer fehlerhaften Führung seitens des Vorgesetzten.

4. **Hypothese zum Individuum:**

   Unrealistische Erwartungen an den Beruf und die Karriere führen zur inneren Kündigung.

3.4.1 Wertewandel

Werden die gesellschaftlichen Gründe der inneren Kündigung betrachtet, steht besonders der „Wertewandel" im Mittelpunkt.[107]

Hierbei ist zu berücksichtigen, dass die persönliche Art der Lebensbewältigung und –gestaltung durch die individuellen Werte eines Menschen beeinflusst werden. Diese Werte steuern in bestimmter Weise die Realitätssicht, Einstellungen, Bedürfnisse und das Handeln einer Person.[108]

Bereits zwischen den 60er und 70er Jahren bildete Klages aufgrund empirischer Untersuchungen die zwei Wertegruppen Pflicht- und Akzeptanzwerte und Selbstentfaltungswerte.[109]

Selbstentfaltungswerte, wie Emanzipation, Selbstverwirklichung oder Gleichbehandlung, gewinnen im Gegensatz zu traditionellen Werten, wie Disziplin, Gehorsam oder Leistung, zunehmend an Bedeutung.[110]

Diese Selbstentfaltungswerte können in Bezug auf den psychologischen Vertrag (siehe Punkt 2.3) sowohl vom Mitarbeiter als auch von der Organisation eingefordert werden. Werden diese vom Mitarbeiter erwarteten Werte nicht umgesetzt,

---

[107] Vgl. Brinkmann & Stapf, 2005, S. 53.
[108] Vgl. Faller, 1991, S. 119.
[109] Vgl. Klages, 1984, S. 17 f.
[110] Vgl. Krystek et al., 1995, S. 122 ff.

kann es zur Folge haben, dass dieser mit Frustrationen und entsprechenden Reaktionen bis hin zur inneren Kündigung reagiert. Des Weiteren kann die innere Kündigung auch einem Mitarbeiter von Seiten der Organisation zugeschrieben werden. Eine Zuschreibung findet dann statt, wenn die Organisation entsprechende Erwartungen an den Mitarbeiter richtet und dieser sie anschließend nicht umsetzt.

Die innere Kündigung kann im Zusammenhang mit dem Wertewandel als resignative Abkehr von der Arbeit betrachtet werden. Voraussetzung hierfür ist, dass die veränderten Ansprüche, wie z. B. die Chance zur Umsetzung von eigenen Ideen oder eine abwechslungsreiche und interessante Arbeit, nicht erfüllt werden. Es lässt vieles darauf schließen, dass die Bereitschaft, sich beruflich zu engagieren, gesunken ist. Allerdings hat nicht das berufliche Engagement drastisch abgenommen, sondern das Außerberufliche (die Freizeit) hat stärker an Bedeutung gewonnen.[111] Demzufolge ist nicht die Arbeitsmoral gesunken, sondern der Wunsch nach Selbstverwirklichung neben der Arbeit ist gestiegen.[112]

Die Studien von Brinkmann und Stapf sowie von Krystek et al. lassen darauf schließen, dass der gesellschaftliche Wertwandel durchaus mit ein Grund für eine innere Kündigung sein kann.[113]

An der Studie von Brinkmann und Stapf nahmen 486 Mitarbeiter von Kreditinstituten und 165 Mitarbeiter von zwei großen Behörden teil. Die Studie wurde anhand eines standardisierten Fragebogens durchgeführt.[114] Ziel der Studie war es, die Verbreitung, Ursachen und Beeinflussungsmöglichkeiten der inneren Kündigung zu untersuchen.[115] Die Befragungsstudie kam unter anderem zu dem Ergebnis, dass die Befragten den Wertewandel in der Gesellschaft zu 64,2 % als Grund für die innere Kündigung angegeben haben.[116]

Krystek et al. führten ebenfalls mithilfe eines Fragebogens eine Studie durch. Hierbei wurden Personalverantwortliche aus dem Bereich Personalwesen aus insgesamt 147 Unternehmungen angeschrieben. Die Rücklaufquote betrug 63 %. Damit

---

[111] Vgl. Brinkmann & Stapf, 2005, S. 55 f.

[112] Vgl. Lübbe, 1984, S. 11.

[113] Vgl. Brinkmann & Stapf, 2005, S. 58, vgl. Krystek et al., 1995, S. 127.

[114] Vgl. Brinkmann & Stapf, 2005, S. 13.

[115] Vgl. Brinkmann & Stapf, 2001, S. 688.

[116] Vgl. Brinkmann & Stapf, 2005, S. 58.

konnten 92 Fragebögen ausgewertet werden.[117] Die Studie hatte zum Ziel, das Ausmaß der inneren Kündigung zu verdeutlichen.[118] Dabei ergab sich, dass 70 % der Befragten der Meinung sind die gesellschaftlichen Wertehaltungen tragen zu der inneren Kündigung bei.[119]

Diese Ergebnisse deuten darauf hin, dass die innere Kündigung aus dem von der Organisation nicht berücksichtigten Wertewandel resultieren.

3.4.2 Organisationsstruktur

Die zweite Hypothese lautet: Die innere Kündigung ist das Ergebnis einer starren Organisationsstruktur.

Doch was genau ist unter einer „starren" Organisationsstruktur zu verstehen?

Typisch für unflexible bzw. starre Organisationsstrukturen sind tief gestufte Hierarchien, eine Überbetonung des Vertikalen und zahlreiche Regeln und Vorschriften. Dabei wird die Distanz zwischen den Hierarchieebenen stärker betont als deren Nähe. Es herrscht ein ausgeprägtes Statusdenken und die Informationsflüsse laufen über den Dienstweg.

Hinzu kommen ein oftmals nicht ausgeschöpftes Erfahrungswissen der Ausführungsebene und eine überforderte Führungsebene.

Ein solcher Organisationsaufbau hat zur Folge, dass zeitliche Verzögerungen und Unbeweglichkeiten entstehen. Dies wiederum führt zu unvollständigen Informationsflüssen in der Organisation und kann den Weg in die innere Kündigung ebnen.

Wird die Organisationsstruktur der öffentlichen Verwaltung betrachtet, wird deutlich, dass diese besonderes häufig einer starren Organisationsstruktur gleich kommt.[120] In Bezug darauf sollten wieder die Aussagen von Hablützel und Echterhoff betrachtet werden, dass in der öffentlichen Verwaltung erst dann systemkonform gearbeitet werden kann, wenn der Mitarbeiter die innere Kündigung schon vollzogen hat[121] oder dass die öffentliche Verwaltung eine Keimzelle der Inneren

---

[117] Vgl. Krystek et al., 1995, S. 4 f.
[118] Vgl. ebd., S. IV.
[119] Vgl. ebd., S. 127.
[120] Vgl. Brinkmann & Stapf, 2005, S. 65 f.
[121] Vgl. Hablützel, 1992, S. 31.

Kündigung ist.[122] Denn diese Aussagen stehen in enger Beziehung mit dem Aufbau der Organisationsstruktur.

Die Studien von Brinkmann und Stapf sowie von Krystek et al. lassen auch bei dieser Hypothese einstimmig darauf schließen, dass eine starre Organisationsstruktur durchaus mit ein Grund für eine innere Kündigung sein kann.[123] 66,4 % der Befragten aus der Studie von Brinkmann und Stapf gaben an, dass eine starre und bürokratische Organisationsstruktur dazu beiträgt, zu der inneren Kündigung überzugehen.[124] Bei Krystek et al. waren 71 % der Befragten der Meinung, dass die innere Kündigung durch eine starre Organisationsstruktur gefördert wird.[125]

Zeigt die Organisation diesbezüglich Einsicht und ist sie bereit die starre Organisationsstruktur zu ändern, so kann auch diese Änderung, wenn sie nicht bedacht genug umgesetzt wird, zur inneren Kündigung der Mitarbeiter führen. Beim Unstrukturierten von der Organisationsstruktur kann beispielsweise die Verteilung von Ressourcen und Belohnungen neu erfolgen oder angesammelte Privilegien, Handlungsspielräume und Einflussbereiche beschnitten werden.[126] Was genau beachtet werden muss, um bei einer Umstrukturierung der Organisationsstruktur keine negativen, sondern positive Erfolge zu erzielen, wird unter dem Punkt 4.2 erarbeitet.

3.4.3 Führungsfehler des Vorgesetzten

„Fehler von Vorgesetzten führen dazu, daß die Unkündbaren im öffentlichen Dienst innerlich kündigen."[127] Diese Aussage von Höhn und die vieler anderer Autoren sehen eine fehlerhafte Führung des Vorgesetzten als mit einer der größten Gründe, welche zur inneren Kündigung des Mitarbeiters führen können.

Es ist unumstritten, dass der Einfluss des Führungsstils auf die Arbeitsleistung und -zufriedenheit der Mitarbeiter sehr stark ist. Dennoch werden diese Erkenntnisse in der Praxis noch immer selten genutzt und sogar Grundregeln missachtet.[128] Folgen hiervon sind, dass der Mitarbeiter in seinem Entfaltungsspielraum beschränkt

---

122 Vgl. Echterhoff et al., 1994, S. 50.
123 Vgl. Brinkmann & Stapf, 2005, S. 76, vgl. Krystek et al., 1995, S. 116.
124 Vgl. Brinkmann & Stapf, 2005, S. 76.
125 Vgl. Krystek et al., 1995, S. 116.
126 Vgl. Solga & Ryschka, 2013, S. 32.
127 Vgl. Höhn, 1988, S. 82.
128 Vgl. Krystek et al., 1995, S. 80.

ist und dies kann wiederum in Stresssituationen enden.[129] Anhand der sechs häufigsten Fehler im Führungsverhalten des Vorgesetzten wird erläutert, wie der lautlose Abschied der Mitarbeiter von der Leistung bewirkt wird.[130]

Unzureichendes Informationsverhalten

Fehlt den Mitarbeitern das Wissen über geplante Aktionen und Strategien, so fehlt ihnen damit die grundlegende Basis, um sich mit dem was in der Zukunft geschehen soll zu identifizieren und aktiv daran zu beteiligen.[131]

Dennoch gehören das Zurückhalten von Informationen, zur Stärkung der eigenen Position, eine gezielte Auswahl der Informationsempfänger nach Antipathie und Sympathie sowie das Umdefinieren der Informationspflicht des Vorgesetzten in eine Holschuld der Mitarbeiter, zu den typischen Fehlern von Führungskräften im Hinblick auf ihr Informationsverhalten.

Diese unzureichenden Informationen haben zur Folge, dass der Mitarbeiter das Verhalten des Vorgesetzten als Geringschätzung der eigenen Person und als grobe Verletzung des Vertrauensverhältnisses wertet.[132] Krystel et al. bezeichnen die gezielte Zurückhaltung von Informationen als „Machtabstand", der als emotionale Distanz zwischen dem Vorgesetzten und dem Mitarbeiter verstanden werden kann.[133]

Mangelnde Gesprächs- und Diskussionsbereitschaft

Mitarbeitergespräche fördern die Zusammenarbeit, sichern den Führungserfolg und sind die geeignetste Form Anerkennung für geleistete Arbeit auszusprechen.[134]

Laut der Fürstenberg-Performance-Studie 2010, welche auf Basis von Telefoninterviews mit 1.001 Arbeitnehmer in Deutschland im November 2009 entstand, ist die mangelnde Anerkennung eines der größten Probleme am Arbeitsplatz.[135] Auch

---

[129] Vgl. Brinkmann & Stapf, 2005, S. 80.

[130] Vgl. Krystek et al., 1995, S. 81.

[131] Vgl. ebd., S. 81 f.

[132] Vgl. Brinkmann & Stapf, 2005, S. 85 f.

[133] Vgl. Kryste et al., 1995, S. 82.

[134] Vgl. Brinkmann & Stapf, 2005, S. 80 f.

[135] Vgl. https://www.perwiss.de/fuerstenberg-performance-studie-2010.html, Stand: 24.05.2018.

Kratz ist der Ansicht, dass „nicht kritisiert ist Lob genug" längst nicht mehr das Motto eines Vorgesetzten sein sollte.[136] Dennoch wird vom Mitarbeitergespräche in der Praxis wenig Gebrauch gemacht. Dies liegt oftmals daran, dass der Vorgesetzte befürchtet durch ein Mitarbeitergespräch die als notwendig erachtete Distanz zum Mitarbeiter abzubauen.[137]

Laut Höhn sind bei einer mangelnden Gesprächs- und Diskussionsbereitschaft mit Folgen wie sinkender Arbeitsfreude, fehlendem Engagement, mangelnder Einsatzbereitschaft bis hin zur völligen Interesselosigkeit und der inneren Kündigung zu rechnen.[138]

Fehlende Mitwirkungsmöglichkeiten

Wie schon unter Punkt 3.4.1 erläutert, ist in den letzten Jahren der Anspruch des Einzelnen an die berufliche Tätigkeit deutlich gestiegen. Zunehmend wollen sich Mitarbeiter engagieren, Akzente setzen, die Entwicklung beeinflussen und sich somit als Individuum in die Arbeit einbringen.[139]

Wird solch eine Partizipation an Entscheidungsprozessen ermöglicht, hat dies eine besonders positive Wirkung auf die Motivation des Mitarbeiters. Wird dem Mitarbeiter keine Partizipation entgegengebracht, beispielsweise wenn dem Mitarbeiter die Möglichkeit zur Mitwirkung verwehrt bleibt oder gemeinsam mit dem Vorgesetzten getroffene Entscheidungen ohne Erklärung umgeworfen werden, kann es in Demotivation enden und zum Auslöser der inneren Kündigung werden.[140]

Kompetenzräuberei

Ein weiterer nicht untypischer Führungsfehler ist der unzulässige Eingriff des Vorgesetzten in den Verantwortungsbereich des Mitarbeiters.[141] Höhn bezeichnet diesen Eingriff als Polypengriff,[142] Krystek et al. hingegen als Kompetenzräuberei.[143] Dabei wird das unmittelbare Eingreifen in den Kompetenzbereich des Mitarbeiters

---

[136] Vgl. Kratz, 2014 b, S. 22.

[137] Vgl. Krystek et al., 1995, S. 83.

[138] Vgl. Höhn, 1998, S. 91.

[139] Vgl. Krystek et al., 1995, S. 83.

[140] Vgl. Brinkmann & Stapf, 2005, S. 88 f.

[141] Vgl. ebd., S. 81.

[142] Vgl. Höhn, 1988, S. 84.

[143] Vgl. Krystek et al., 1995, S. 84.

gemeint. Dies führt zu wachsender Verärgerung seitens des Betroffenen, lähmt dessen Aktivität und kann zur inneren Kündigung führen.[144]

Kommunikationsfehler

Verständigungsprobleme gehören im Umgang zwischen Vorgesetzten und Mitarbeitern zu den häufigsten Auslöser, die zu Fehlern führen. Sie können sogar mit ein Grund für die innere Kündigung sein.[145] Verständigungsprobleme entstehen durch kompliziertes „Drumherum-Reden", eine mangelnde positive Gesprächshaltung gegenüber dem Mitarbeiter und den Einsatz sogenannter „Killerphrasen". Demnach mangelt es solch einem Vorgesetzten an Kenntnissen über Gesprächsführung. Dies führt zu einer Verletzung des Gesprächspartners, was wiederum ein Gespräch verhindert.[146]

Einsame Entscheidungen

Autoren wie Krystek et al. und Volk unterscheiden im Gegensatz zu Brinkmann und Stapf nicht nur fünf, sondern sechs Gründe auf der Führungsebene. Krystek et al. beschreiben die Eigenschaft der „Entscheidungsfreudigkeit" grundsätzlich als etwas Gutes. Wird daraus allerdings ein unbewusster oder bewusster Herrschaftsanspruch und werden Entscheidungen nur noch zu Aktionen einsamer Machtausübung, so kann diese Eigenschaft zum Auslöser der inneren Kündigung werden.

Die Erkenntnis, keinen wirksamen Einfluss auf Entscheidungsprozesse zu haben, deprimiert den Mitarbeiter und führt zu sinkendem Engagement.[147] Die Studien von Brinkmann und Stapf sowie von Krystek et al. deuten darauf hin, dass eine fehlerhafte Führung seitens des Vorgesetzten zur inneren Kündigung des Mitarbeiters führen kann.[148] Die ersten drei am häufigsten aufgeführten Gründe, welche durch Führungsfehler des Vorgesetzten zustande kommen können, waren bei beiden Befragungen im Verhältnis sehr ähnlich.

Mit 88 % sahen die Befragten von Brinkmann und Stapf einen Grund für die innere Kündigung in der fehlenden Mitwirkungsmöglichkeit. Das unzureichende Infor-

---

[144] Vgl. ebd., S. 52.

[145] Vgl. Krystek et al., 1995, S. 84.

[146] Vgl. Brinkmann & Stapf, 2005, S. 86 f.

[147] Vgl. Krystek et al., 1995, S. 82.

[148] Vgl. Brinkmann & Stapf, 2005, S. 89, vgl. Krystek et al., 1995, S. 87.

mationsverhalten (80,9 %) und die mangelnde Gesprächs- und Diskussionsbereitschaft (80,6 %) wurden ebenfalls aufgeführt.[149]

Bei Krystek et al. waren es 97 % der Befragten, welche das unzureichende Informationsverhalten, 95 % die fehlende Mitwirkungsmöglichkeiten und 93 % die mangelnde Gesprächs- und Diskussionsbereitschaft als einen Grund für die innere Kündigung sahen.[150]

Zu beachten ist hierbei, dass die oben aufgelisteten Führungsfehler nicht isoliert wirken, sondern meistens ineinander greifen und erst dadurch zur inneren Kündigung führen.[151]

Nicht zu vernachlässigen ist, dass der Führungsstil von der Persönlichkeit des Vorgesetzten abhängt. Dabei bilden soziale Eigenschaften wie Einfühlungsvermögen und Verhaltensflexibilität die Basis. Somit hat ein Vorgesetzter nicht nur fachliche, sondern auch soziale Kompetenzen zu erfüllen, um eine gute Führungskraft zu werden.[152]

3.4.4 Individuum

Neben Eigenschaften, wie beispielsweise Ängstlichkeit, Depressivität, mangelnde Selbstachtung und Übererregbarkeit, kann auch ein extremer Wunsch nach Beachtung, Wertschätzung, Zuwendung, Erfolg oder Anerkennung förderlich für die Entwicklung der inneren Kündigung sein.[153]

Ein wesentlicher Zusammenhang besteht auch darin, inwieweit sich der Mitarbeiter mit seinem Beruf identifiziert, welche Ziele angestrebt werden, was für Erwartungen er mitbringt, welche Situationen und Personen er antrifft und schließlich, wie der Mitarbeiter auf diesem Weg agiert und reagiert.[154]

Nicht zu unterschätzen sind die eigenen Erwartungen des Mitarbeiters. Sind diese zu unrealistisch, kann dies durchaus zur inneren Kündigung führen.[155] 67 % der Befragten aus der Studie von Krystek et al. gaben an, dass sie der Auffassung sind,

---

[149] Vgl. Brinkmann & Stapf, 2005, S. 89.
[150] Vgl. Krystek et al., 1995, S. 87.
[151] Vgl. Höhn, 1886, S. 413.
[152] Vgl. Krystek et al., 1995, S. 85.
[153] Vgl. Brinkmann & Stapf, 2005, S. 112.
[154] Vgl. Büchi, 1992, S. 67.
[155] Vgl. Brinkmann & Stapf, 2005, S. 115.

die innere Kündigung würde durch unrealistische Karriereerwartungen gefördert werden.[156] Bei Brinkmann und Stapf waren es 51,7 % welche diese Meinung vertraten.[157]

Eine unrealistische Erwartung äußert sich z. B. darin, dass junge Akademiker einen zu schnellen und unproblematischen Aufstieg erwarten, Mitarbeiter eine absolvierte Fortbildung mit einer anschließenden Beförderung in Verbindung bringen oder der Mitarbeiter ganz allgemein seine Leistungen überschätzt hat, weil er beispielsweise Äußerungen des Vorgesetzten bez. seiner Leistung positiv gewertet hat und das negative übersehen hat.[158]

Diese Ergebnisse deuten darauf hin, dass unrealistische Erwartungen an den Beruf und die Karriere zur inneren Kündigung führen.

3.5 Entwicklungsprozess der inneren Kündigung

Wie unter Punkt 2.3 aufgeführt wurde, entsteht jedes Arbeitsverhältnis nicht nur mit einem förmlichen Arbeitsvertrags, sondern umfasst auch einen psychologischen Vertrag.

Die Abbildung 4 zeigt den Entwicklungsprozess der inneren Kündigung. Zu beachten ist, dass der geschilderte Entwicklungsprozess nicht ausschließlich auf Studien basiert. Der geschilderte Prozess muss auch nicht zwingend in genau dieser Reihenfolge verlaufen. Es kann durchaus vorkommen, dass gewisse Phasen übersprungen oder wiederholt werden, dies hängt ganz von der subjektiven Einschätzung des betroffenen Mitarbeiters ab.[159]

In einem ersten Schritt wird die aktuelle Arbeitssituation vom Mitarbeiter bewertet. Diese Bewertung umfasst die Frage, ob die aktuelle Arbeitssituation mit den Vorstellungen übereinstimmt.[160] Hierzu sind besonders die unter Punkt 3.4 erläuterte Gründe zu berücksichtigen. Kommt es zu einer Übereinstimmung (Soll = Ist), ist der Mitarbeiter weiterhin engagiert und motiviert. Kommt es hingegen zu keiner Übereinstimmung (Soll ≠ Ist) führt es zu einem Bruch des psychologischen

---

[156] Vgl. Krystek et al., 1995, S. 72.

[157] Vgl. Brinkmann & Stapf, 2005, S. 123.

[158] Vgl. Rischar, 1992, S. 46 f.

[159] Vgl. Faller, 1991, S. 106.

[160] Vgl. Comelli et al., 2014, S. 119.

Vertrages.[161] Der Bruch des psychologischen Vertrages hat zur Folge, dass der Mitarbeiter in eine konstruktive Unzufriedenheit fällt. Diese Unzufriedenheit wiederum kann dazu führen, dass sich der Mitarbeiter für die äußere Kündigung entscheidet und die Organisation verlässt. Sie kann allerdings aufgrund der noch immer vorhandenen Motivation und dem Engagement zur Auffassung führen, dass die unzufriedenstellende Situation durchaus veränderbar ist. Der Mitarbeiter verbleibt demnach in der Organisation und gibt evtl. sogar Impulse, welche eine Veränderung beschleunigen sollen.

Ändert sich die unzufriedenstellende Situation zum positiven führt es dazu, dass der gebrochene psychologische Vertrag wieder hergestellt wird. Keine Änderung hat hingegen die resignative Unzufriedenheit zur Folge. Ändert sich die unzufriedenstellende Situation also nicht, bleiben dem Mitarbeiter wiederum zwei Möglichkeiten.[162] Die erste bedeutet die äußere Kündigung, die zweite den Rückzug bzw. das Aufgeben der Sollvorstellungen.[163] Für welche Möglichkeit sich die betroffene Person entscheidet, liegt ganz bei ihr. Gründe für einen Rückzug können beispielsweise das Nutzendenken, Angst vor Veränderungen, finanzielle Einbußen oder eine schlechte Arbeitsmarktlage sein.[164] Hat die betroffene Person zu diesem Zeitpunkt eine Aussicht auf Veränderungen oder sind Maßnahmen, welche positive Veränderungen mit sich bringen würden, in Sicht, so bleibt der Mitarbeiter loyal und hält die Arbeitsleistung aufrecht.[165] Ist diese Aussicht auf Veränderung nicht gegeben führt es zur inneren Kündigung. Die betroffene Person zieht sich auf die Ebene der garantierten Handlungssicherheit zurück, d. h. sie befolgt lediglich den formellen Vertrag und lässt den psychologischen Vertrag außen vor.[166]

Ist dieser Punkt des Entwicklungsprozesses erreicht, so sollte die Organisation versuchen den Mitarbeiter zu reaktivieren. Denn die innere Kündigung ist „kein nicht-reversibler Prozess".[167] An dieser Stelle darf nicht vernachlässigt werden, dass es viel Arbeit gekostet hat, den Mitarbeiter in seine Tätigkeiten einzuarbeiten und ihn

---

[161] Vgl. Schmitz et al., 2002, S. 74 f.
[162] Vgl. Comelli et al., 2014, S. 121.
[163] Vgl. Schmitz, 2004, S. 74 f.
[164] Vgl. Comelli et al., 2014, S. 121.
[165] Vgl. Brinkmann & Stapf, 2005, S. 19.
[166] Vgl. Wortmann, 2013, S. 41.
[167] Vgl. Richter, 1999, S. 135.

zu einem produktiven Organisationsmitglied zu machen.[168] Zudem sollte eine Reaktivierung als Chance gesehen werden andere Mitarbeiter vor der inneren Kündigung zu bewahren.[169]

Damit es erst gar nicht zu diesem Prozess und damit zur inneren Kündigung kommt, sollten die Maßnahmen, welche aus Punkt 4 hervorgehen, eingehalten bzw. berücksichtigt werden.

---

[168] Vgl. Brinkmann & Stapf, 2005, S. 99.
[169] Vgl. Echterhoff et al., 1997, S. 33.

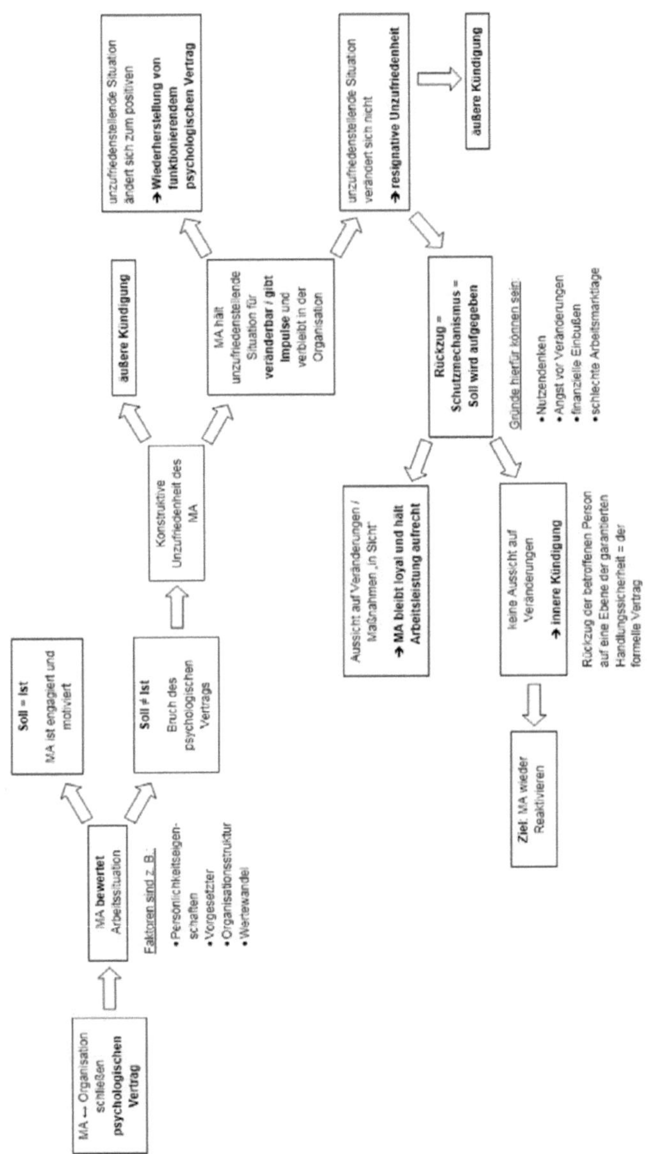

Abbildung 4: Entwicklungsprozess der inneren Kündigung.[170]

---

[170] Eigene Darstellung in Anlehnung an Comelli et al., 2014, S. 119 ff., Brinkmann & Stapf, 2005, S. 25.

3.6 Auswirkungen innerer Kündigung

In der Fachliteratur finden sich unterschiedlichste Merkmale, welche auf das Bestehen einer inneren Kündigung des **Mitarbeiters** hindeuten. Inhaltlich wiederum sind diese weitgehend deckungsgleich.[171] Echterhoff beschreibt die Merkmale der inneren Kündigung auf Mitarbeiterebene wie folgt:

„Ein Mitarbeiter hat innerlich gekündigt, wenn er

- kein Interesse mehr an Auseinandersetzungen hat,
- zum typischen Ja-Sager geworden ist,
- sich stets bei der Mehrheit befindet,
- keine Vorschläge und keine Kritik mehr bringt,
- zum angepaßten Konformisten geworden ist,
- Entscheidungen von Vorgesetzten kommentarlos akzeptiert,
- seine Kompetenzen nicht mehr völlig ausschöpft und
- Eingriffe in seinen Delegationsbereich hinnimmt."[172]

Diese Merkmale lassen sich nach Krystek et al. durch folgende Punkte ergänzen:

„Von Innerer Kündigung eines Mitarbeiters muß ausgegangen werden, wenn er:

- kein Karriere-Interesse mehr hat,
- sich beim Auftreten zurückhält,
- sehr angenehm, fast überangenehm im Umgang ist,
- zunehmend wegen Familie und Krankheit fehlt."[173]

Ist eines dieser Merkmale gelegentlich zu beobachten, weist dies noch nicht auf die innere Kündigung des Mitarbeiters hin. Erst die Häufung dieser Merkmale könne als innere Kündigung gedeutet werden.[174]

Höhn fasst die genannten Merkmale als „Dienst nach Vorschrift" zusammen. Er kritisiert dabei besonders Beamte. Denn diese verstoßen mit einer „Dienst nach Vorschrift"-Mentalität gegen das Grundprinzip des Berufsbeamtentums. Dieses

---

[171] Vgl. Brinkmann & Stapf, 2005, S. 40.

[172] Vgl. Echterhoff et al., 1994, S. 50.

[173] Vgl. Krystek et al., 1995, S. 45.

[174] Vgl. Höhn, 1982 b, S. 1.

Umfasst das öffentlich-rechtliche Dienst- und Treueverhältnis gegenüber dem Dienstherrn (§ 3 Abs. 1 Beamtenstatusgesetz).[175]

Der Auffassung, dass der innerlich gekündigte Mitarbeiter „kein Karriere-Interesse mehr hat"[176], ist Höhn nicht. Er vertritt die Meinung, dass wenn sich ein innerlich gekündigter Mitarbeiter geschickt anstellt, in dem er dem traditionellen Führungsstil der Verwaltung entspricht, dieser trotz innerer Kündigung in eine Vorgesetztenposition einrücken kann.[177] Unter dem traditionellen Führungsstil der Verwaltung versteht er überwiegend den autoritären Führungsstil. Höhn erkannte allerdings zu diesem Zeitpunkt bereits, dass sich der Führungsstil der Verwaltung in einem Wandel in Richtung kooperativen Führungsstil befand.[178] Daher ist diese Auffassung, bezogen auf die heutige Zeit (29 Jahre später), kritisch zu betrachten.

Dass der Beamte im Falle einer inneren Kündigung gegen das Grundprinzip des Berufsbeamtentums verstößt, gilt weiterhin.

Die aufgezeigten Merkmale können zur Folge haben, dass der betroffene Mitarbeiter daraufhin mit Auswirkungen wie z. B.

- Mobbing[179] (aufgrund von z. B. Mehrbelastung der Kollegen[180]),
- psychische und körperliche Gesundheitsschäden (Herz-Kreislauf-Erkrankungen[181] bis hin zu Burnout[182] und Depressionen[183]), welche wiederum zur Folge haben, dass der Mitarbeiter höhere Fehlzeiten vorweist,[184]
- verringertes Selbstbewusstsein und
- verkümmerten Fähigkeiten rechnen muss.

---

[175] Vgl. Höhn, 1988, S. 82.

[176] Vgl. Krystek et al., 1995, S. 45.

[177] Vgl. Höhn, 1989, S. 115.

[178] Vgl. ebd., S. 42 ff.

[179] Vgl. Brinkmann, 2002, S. 59.

[180] Vgl. Brinkmann & Stapf, 2005, S. 107.

[181] Vgl. Scheibner & Hapkemeyer, 2013, S. 466.

[182] Vgl. Brinkmann & Stapf, 2005, S. 138.

[183] Vgl. Krystek et al., 1995, S. 139.

[184] Vgl. Richter, 1999, S. 131.

Alle diese beschriebenen Auswirkungen betreffen nicht nur den beruflichen Lebensbereich, sondern greifen auch in andere Lebensebereiche ein.[185]

Auch auf die **Organisation** hat die innere Kündigung der Mitarbeiter Auswirkungen. Diese können sich Folgendermaßen äußern:

- abnehmende Kommunikation in der Organisation,
- zunehmende Unmutsäußerungen / Beschwerden von Seiten der Mitarbeiter,
- hohe Fehlzeiten,
- höhere Fluktuation,
- sinkende Qualität, Produktivität[186] und Flexibilität,[187]
- Imageverlust,[188]
- trostloses Betriebsklima.[189]

Abschließend ist darauf hinzuweisen, dass laut Hochrechnungen von Gallup in Deutschland durch die innere Kündigung ein volkswirtschaftlicher Schaden in Höhe von 105 Milliarden Euro pro Jahr entsteht.[190]

---

[185] Vgl. Krystek et al., 1995, S. 139.
[186] Vgl. Brinkmann & Stapf, 2005, S. 44 f.
[187] Vgl. Faller, 1991, S. 112.
[188] Vgl. Krystek et al., 1995, S. 143.
[189] Vgl. ebd., S. 145.
[190] Vgl. Gallup, 2017 a, S. 25.

4. Maßnahmen zur Prävention

Auf Basis der untersuchten Hypothesen über die Gründe, welche in die innere Kündigung führen können, werden im folgenden Kapitel konkrete Maßnahmen und Lösungsansätze dargestellt.

Korrekt umgesetzt bietet die Kombination dieser verschiedenen aufgezeigten Lösungsansätze und Maßnahmen die Grundlage, damit es zu der Entstehung von einer inneren Kündigung gar nicht erst kommen kann.[191] Denn das Auftreten am Arbeitsplatz ist immer eine Zusammensetzung der Faktoren Person, Situation und Bedingungen der Organisation, die in einer Wechselwirkung zueinander stehen.[192]

4.1 Maßnahme: Wertewandel

Sinnvermittlung

Der Wertewandel bringt von Seiten des Mitarbeiters sowie von der Organisation neue Werte in das Arbeitnehmer-Arbeitgeberverhältnis. Damit es hierbei nicht zu Missverständnissen kommt bzw. die gegenseitigen Erwartungen erfüllt werden, ist es wichtig, dass die Organisation ein konkretes und motivierendes Ziel für die Zukunft hat und somit Sinn für das Tun der Mitarbeiter schafft. Dieses Ziel kann auch als Vision bezeichnet werden. Je schneller der gesellschaftliche und berufliche Wandel voranschreitet, desto wichtiger werden die Visionen. Durch die Sinnvermittlung wird dem Mitarbeiter Orientierung geboten und sichergestellt, dass er selbständig und engagiert Ziele verfolgt. Denn nur Organisationen, welche ihren Mitarbeitern den Sinn ihrer Ziele offen legen, können mit aktivierten Mitarbeitern und gewünschtem Verhalten rechnen.

Die Vision der Organisation kann mithilfe von Zielvereinbarungsgespräche durch den Vorgesetzten an den Mitarbeiter weitergegeben werden.[193]

Voraussetzung für ein Zielvereinbarungsgespräch ist, dass der Vorgesetzte seinen Mitarbeiter und die Visionen der Organisation kennt.[194]

---

191 Vgl. Krystek et al., 1995, S. 154.

192 Vgl. Brinkmann & Stapf, 2005, S. 201.

193 Vgl. ebd., S. 59 f.

194 Vgl. Kirchner, 1992, S. 97 ff.

Das Ergebnis der Studie von Krystek et al. lässt darauf schließen, dass die Sinnvermittlung (92 %) eine große Rolle bei der Prävention der inneren Kündigung spielt.[195]

Bereicherung der Arbeit

Bereits unter dem Punkt 3.4.1 wurde deutlich, dass eine abwechslungsreiche und interessante Arbeit, Selbstverwirklichung und Verantwortung sehr wichtig für viele Mitarbeiter sind.[196] Diesen Anforderungen kann z. B. mithilfe von Delegation und der Ausgestaltung von Arbeitsinhalten nachgekommen werden.

Mit Delegation ist die Übertragung von Aufgaben oder Tätigkeiten aus dem Funktionsbereich des Vorgesetzten auf den Mitarbeiter gemeint. Dabei erhält der Mitarbeiter eine Aufgabe, die er selbständig plant, darüber entscheidet sowie zum Handeln berechtigt und verpflichtet ist.[197] Aus der Delegation von Aufgaben oder Tätigkeiten an den Mitarbeiter resultieren ein höheres Maß an Verantwortung und damit auch die Selbstverwirklichung des Mitarbeiters.[198]

Ausgestaltung von Arbeitsinhalten meint Maßnahmen wie Job Rotation, Job Enlargement und Job Enrichment.

Beim Job Enlargement kommen zur ursprünglichen Tätigkeit weitere vor- oder nachgelagerte Aufgaben hinzu.

Job Enrichment besteht darin, den Verantwortungsbereich des Mitarbeiters auf ein höheres Anforderungsniveau zu erweitern. Damit werden die Handlungs-, Entscheidungsspielräume und die Kompetenzentwicklung des Mitarbeiters gefördert. Voraussetzung hierfür ist, dass der Vorgesetzte dem Mitarbeiter Aufgaben oder Tätigkeiten durch Delegation überträgt.

Bei der Job Rotation hat der Mitarbeiter die Möglichkeit systematisch seinen Arbeitsplatz oder das Aufgabenfeld zu wechseln. Auf diese Weise sollen der Tätigkeitsspielraum und die fachlichen und sozialen Kompetenzen erweitert werden.[199]

---

[195] Vgl. Krystek et al., 1995, S. 156.

[196] Vgl. Brinkmann & Stapf, 2005, S. 55.

[197] Vgl. Kratz, 2014 b, S. 188 f.

[198] Vgl. Hillengaß, 1994, S. 92.

[199] Vgl. Nerdinger, Blickle & Schaper, 2014, S. 379.

Maßnahmen wie diese sind förderlich für die Motivation, bieten Anreize zur Leistung, geben Entwicklungs- sowie Entscheidungsfreiheiten und sind damit wichtige Maßnahmen zur Vorbeugung von einer inneren Kündigung.

4.2 Maßnahme: Organisationsstruktur

Wie unter Punkt 3.4.2 erläutert wurde, sind für unflexible bzw. starre Organisationsstrukturen tief gestufte Hierarchien, eine Überbetonung des Vertikalen und zahlreiche Regeln und Vorschriften typisch. Die Folge hiervon sind unvollständige Informationsflüsse in der Organisation. Diese wiederum können den Weg in die innere Kündigung ebnen.[200]

Um diesen Folgen entgegenzuwirken muss die unflexible bzw. starre Organisationsstruktur verändert werden.

Hierbei wäre es optimal, wenn die Leitungsspanne, welche die Anzahl von Mitarbeitern einer Führungskraft wiedergibt, zwischen fünf bis sieben Personen liegt und die Leitungstiefe so weit wie möglich abgeflacht ist. Die Leitungstiefe gibt die Anzahl der Hierarchieebenen unterhalb der obersten Leitung wieder.

Werden diese Maßnahmen umgesetzt, führt es zu kurzen Kommunikationswegen, welche wiederum dazu führen, dass es nicht bzw. nur noch selten zu unvollständigen Informationsflüssen in der Organisation kommen kann.

Bei dieser Veränderung sollte darauf geachtet werden, dass den Mitarbeitern genügend Partizipation gewährt wird. Damit kann Sichergestellt werden, dass sich die Mitarbeiter in die Entscheidungen einbringen. Dies kann so weit gehen, dass die Mitarbeiter ihre eigenen Prozesse selbst optimieren. Hierbei sollten die Mitarbeiter von dem jeweiligen Vorgesetzten unterstützt werden.[201]

Zudem ist eine umfassende Information und Kommunikation zwischen der Organisation und den Mitarbeitern, wenn möglich durch den Vorgesetzten, besonders wichtig. Denn wird den Mitarbeitern der Sinn der Umstrukturierung vermittelt, fällt es diesen leichter, mit dieser und den damit einhergehenden neuen noch ungewohnten Umständen zurecht zu kommen.

---

[200] Vgl. Brinkmann & Stapf, 2005, S. 65 f.
[201] Vgl. Hillengaß, 1994, S. 188 ff.

4.3 Maßnahme: Führungsfehler des Vorgesetzten

Da in der Praxis die Erkenntnis über den Einfluss des Führungsstils auf die Arbeitsleistung und -zufriedenheit der Mitarbeiter bekannt ist und dennoch nur selten genutzt wird oder sogar grundlegende Führungsprinzipien missachtet werden, sollten die oben (siehe Punkt 3.4.3) sechs häufigsten Fehler im Führungsverhalten des Vorgesetzten vermieden werden.[202] Hierzu eignen sich beispielsweise die Selbstreflexion, ein verändertes Selbstverständnis, Führungsseminare, Mitarbeitergespräche und das Führungskräftefeedback.

Selbstreflexion

Die Selbstreflexion zeichnet sich dadurch aus, dass der Vorgesetzte in der Lage ist, aus eigenen Erfahrungen (Niederlagen, Rückschlägen, Erfolgen) zu lernen und sich demnach seiner Fehler im Umgang mit den Mitarbeitern bewusst ist. Denn nur wenn sich der Vorgesetzte selbst hinterfragt, kann er die Probleme seiner Mitarbeiter besser verstehen und daraufhin hilfreiche Entscheidungen treffen.[203]

Verändertes Selbstverständnis

Mit einem veränderten Selbstverständnis ist gemeint, dass die Gewichtung zwischen der fachlichen und der sozialen Kompetenz des Vorgesetzten neu bestimmt wird. Denn durch die fortschreitende Spezialisierung und das zunehmende Detailwissen ist es Vorgesetzten nur noch schwer möglich, ihren Mitarbeitern in allen Bereichen fachlich überlegen zu sein. Neben dem hinreichenden Fachwissen benötigt ein Vorgesetzter eine ausgeprägte soziale Kompetenz (z. B. Selbstvertrauen, Eigenverantwortung, Achtung, Mitgefühl, Kritikfähigkeit, Respekt, Teamfähigkeit, usw.).[204] Besonders bei der Stellenbesetzung durch die Organisation ist darauf zu achten, dass der Vorgesetzte diese sozialen Kompetenzen mitbringt.

Führungsseminar

Aus dem iga.Report$_{33}$ geht hervor, dass Führungsseminare kaum genutzt werden oder kein Interesse bei den Führungskräften besteht. Dies liegt unter anderem daran, dass Vorgesetzte unter Zeitmangel leiden.[205]

---

[202] Vgl. Krystek et al., 1995, S. 80.
[203] Vgl. ebd., S. 179.
[204] Vgl. ebd., S. 182, 196.
[205] Vgl. Scheibner, Hapkemeyer & Banko, 2016, S. 49.

Führungsseminare sind wichtig, da sie theoretische und praktische Grundkenntnisse vermitteln, wodurch sich grobe Führungsfehler vermeiden lassen. Es wäre auch hilfreich, wenn die Organisation darauf achtet, dass das erlernte Wissen von den Vorgesetzten umgesetzt wird.

Zu beachten ist zudem, dass die Auswahl des Führungsseminars mit Bedacht getroffen wird.[206]

Mitarbeitergespräch

Das Mitarbeitergespräch ist eine der effektivsten Formen, um z. B. Anerkennung für die geleistete Arbeit des Mitarbeiters auszusprechen.

In der Regel sollte das Mitarbeitergespräch als Vier-Augen-Gespräch mindestens einmal im Jahr stattfinden.

Zum Mitarbeitergespräch zählen alle Gespräche, die über die Alltagskommunikation hinausgehen. Dabei fällt die Kommunikation im Zusammenhang mit der Erledigung von Aufgaben nicht darunter.

Bei einem Mitarbeitergespräch erhält der Mitarbeiter Orientierung über seine Leistung, seine Entwicklungspotenziale und seiner Karriere. Dem Vorgesetzten wird es möglich in einem Mitarbeitergespräch das Engagement des Mitarbeiters zu festigen, unrealistische Erwartungen zu korrigieren, bei der Karriereplanung zu unterstützen sowie Anerkennung und Lob auszusprechen.

Vorrausetzung für ein Mitarbeitergespräch, welches die innere Kündigung vorbeugen kann, ist, dass es glaubhaft geführt wird. Demnach sollte sich der Vorgesetzte angemessen vorbereiten und das Gespräch ohne Zeitdruck, aber zielgerichtet führen.[207]

Führungskräftefeedback

Das Mitarbeitergespräch muss nicht nur ein Feedback für den Mitarbeiter sein, sondern kann durchaus mit einem Führungskräftefeedback kombiniert werden. Durch ein gut vorbereitetes Führungskräftefeedback erhält der Vorgesetzte eine Rückmeldung darüber, wie die Mitarbeiter sein Führungsverhalten wahrnehmen. Dadurch besteht die Möglichkeit das Istverhalten des Vorgesetzten mit einem Sollverhalten zu vergleichen und dementsprechend zu verbessern. Somit hilft das

---

[206] Vgl. Krystek et al., 1995, S. 196 f.
[207] Vgl. Brinkmann & Stapf, 2005, S. 207 f.

Feedback dem Vorgesetzten, aufmerksam für das eigene Führungshandeln zu werden und Führungsfehler vorzubeugen.

Ein solches Feedback für den Vorgesetzten hat demnach eine Analyse- und Diagnosefunktion, eine Interventions- und Entscheidungsfunktion sowie eine Präventionsfunktion.[208]

4.4 Maßnahme: Individuum

Damit der inneren Kündigung erfolgreich vorgebeugt oder entgegengewirkt werden kann, ist nicht nur die Organisation und der Vorgesetzte gefordert, sondern auch der Mitarbeiter. Denn er kann einen bedeutenden Beitrag erbringen, um nicht selbst in die innere Kündigung zu geraten.

Dabei können präventive Maßnahmen, wie z. B. Selbstreflexion und Problemlösungskompetenz, helfen. Ist ein Mitarbeiter in der Lage sein eigenes Handeln und seine Gefühle richtig zu deuten und besitzt er die Fähigkeit, aktiv nach Lösungsansätzen für seine Probleme zu suchen, so wird es ihm viel einfacher gelingen, gar nicht erst in die innere Kündigung zu geraten. Wichtig ist hierbei, dass die Selbsthilfe Wissen voraussetzt. Demnach sollten nicht nur die Organisation und der Vorgesetzte über die innere Kündigung informiert werden, sondern auch die Mitarbeiter.

Die Voraussetzung für eine zutreffende und wirksame Selbstreflexion ist, dass sich der Mitarbeiter über das empfundene Unbehagen im Klaren ist und sich damit auseinandersetzt. Erkennt der Mitarbeiter, dass dadurch das Unbehagen und die damit belastenden Arbeitsbedingungen abgebaut werden können, so wird er in der Lage sein, entsprechende Lösungen zu entwickeln. Dem Mitarbeiter muss vor Augen geführt werden, dass durch ein Verbleiben in der unzufriedenstellenden Situation keine Veränderungen hervorgerufen werden.[209]

Um die Selbstreflexion und Problemlösungskompetenz des Mitarbeiters zu stärken und zu fördern, können verschiedene Seminare helfen (z. B. Attributionstraining).[210]

---

[208] Vgl. ebd., S. 96 f.
[209] Vgl. ebd., S. 187 ff.
[210] Vgl. ebd., S. 207.

5. Zusammenfassung und Fazit

Die innere Kündigung ist ein stiller, schleichender und komplexer Prozess, der besonders Auswirkungen auf das Verhalten und die Einstellung des Mitarbeiters gegenüber der Arbeit hat. Aus den verschiedenen aufgeführten Definitionen kann die innere Kündigung zusammenfassend als ein Endzustand verstanden werden, der sich negativ auf das Engagement und die Eigeninitiative des Mitarbeiters auswirkt. Ob der Zustand bewusst oder unbewusst wahrgenommen wird, ist persönlichkeitsabhängig.

Die Auswirkungen der inneren Kündigung ziehen weitreichende Konsequenzen nach sich. Es entstehen für die Organisation beispielsweise massive Kosten. Für den Mitarbeiter kann die innere Kündigung unangenehme Auswirkungen, wie beispielsweise Mobbing oder gesundheitliche Beeinträchtigungen, mit sich bringen. Im Nachhinein stellt sich heraus, dass nicht einmal große Investitionen nötig sind (z. B. durch bessere Kommunikation).

Die vorliegende Arbeit hatte zum Ziel, dass deutlich gemacht wird, wie es zu einer inneren Kündigung des Mitarbeiters kommen kann und welche Präventionsmaßnahmen hierfür am besten geeignet sind.

In ihrer Gesamtheit hat die Bachelorarbeit gezeigt, dass es für die innere Kündigung des Mitarbeiters nicht nur DIE eine Ursache gibt. Die innere Kündigung resultiert demnach aus der Zusammensetzung vieler Faktoren, welche wiederum in einer Wechselwirkung zueinander stehen. Ist solch eine Kombination gegeben, kommt es zu einem Bruch des psychologischen Vertrages, welcher die innere Kündigung zur Folge haben kann.

Die betrachteten Studien deuten darauf hin, dass alle vier aufgestellten Hypothesen über die Gründe der inneren Kündigung bestätigt werden können. Der Versuch die innere Kündigung mit Hilfe von Inhalts- und Prozesstheorien abzuleiten blieb erfolglos, da noch keine brauchbaren empirischen Ergebnisse vorliegen.

Die vorliegende Bachelorarbeit zeigt verschiedenste Maßnahmen auf, welche der inneren Kündigung entgegenwirken.

Die erforderlichen Maßnahmen sind:

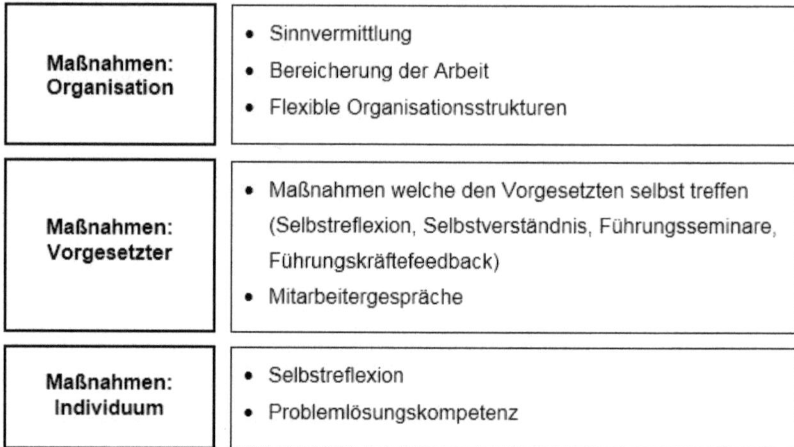

Abbildung 5: Erforderliche Maßnahmen.[211]

Diese aufgezeigten Maßnahmen sollten im Idealfall als Präventionsmaßnahmen verstanden werden, damit die Entstehung der inneren Kündigung weitestgehend verhindert bzw. ihr vorgebeugt wird.

Besonders wichtig ist, dass allen - nicht nur den Vorgesetzten - die Merkmale, Gründe, Auswirkungen und Maßnahmen der inneren Kündigung bekannt sind. Denn wer über die innere Kündigung informiert ist, ihre Symptome und ihren Entstehungsprozess kennt, wird viel wahrscheinlicher den Sinn und Zweck von entsprechenden Maßnahmen erkennen und aktiv daran mitarbeiten, um diese umzusetzen.

Es ist festzuhalten, dass keine der aufgezeigten Maßnahmen erfolgsversprechend umgesetzt werden kann, wenn sie nicht auf den grundlegenden Voraussetzungen Kommunikation, Information, Vertrauen und Sinnhaftigkeit aufbaut.

Schafft es eine Organisation die Mitarbeiter und besonders die Vorgesetzten umfassend über die innere Kündigung zu informieren und benötigte Maßnahmen umzusetzen, so ist die Grundlage für ein vertrauensvolles und leistungsförderndes Arbeitsklima gelegt. Was zur Folge hat, dass die Entstehung oder das Fortschreiten der inneren Kündigung vermieden werden kann.

---

[211] Eigene Darstellung.

Literaturverzeichnis

Literatur

Adams, S. J. (1965). Injustice in social exchange. In: Berkowitz, L. W. (Hrsg.): Advances in social psychology. New York: Academic Press, S. 267 - 299.

Becker, F. G. (2002). Lexikon des Personalmanagements. Über 1000 Begriffe zu Instrumenten, Methoden und rechtlichen Grundlagen betrieblicher Personalarbeit. München: Deutscher Taschenbuch Verlag.

Berthel, J.; Becker, F. G. (2013). Personal-Management. Grundzüge für Konzeptionen betrieblicher Personalarbeit. Stuttgart: Schäffer-Poeschel.

Brinkmann, R. D.; Stapf, K. H. (2001). Die innere Kündigung aus der Sicht von Arbeitnehmern. Personal, 12, S. 688 – 693.

Brinkmann, R. D.; Stapf, K. H. (2005). Innere Kündigung. Wenn der Job zur Fassade wird. München: Verlag C.H. Beck.

Brinkmann, R. D. (2002). Mobbing, Bullying, Bossing. Treibjagd am Arbeitsplatz. Heidelberg: I. H. Sauer-Verlag.

Bruggemann, A.; Groskurth, P.; Ulich, E. (1975). Arbeitszufriedenheit. Bern: Hans Huber.

Büchi, W. (1992). Die aktive Laufbahngestaltung als Instrument zur Überwindung und Verhinderung der Inneren Kündigung. In: Hilb, M. (Hrsg.): Innere Kündigung. Ursachen und Lösungsansätze. Zürich: Verlag Industrielle Organisation, S. 65 – 73.

Burisch, M. (1989). Das Burnout-Syndrom. Theorie der inneren Erschöpfung. Zahlreiche Fallbeispiele. Hilfen zur Selbsthilfe. Berlin: Springer.

Burisch, M. (2014). Das Burnout-Syndrom. Theorie der inneren Erschöpfung. Zahlreiche Fallbeispiele. Hilfen zur Selbsthilfe. Berlin: Springer.

Comelli, G.; Rosenstiel, L.; Nerdinger, F. W. (2014). Führung durch Motivation. Mitarbeiter für die Ziele des Unternehmens gewinnen. München: Franz Vahlen.

Deutsche Gesellschaft für Personalführung (2011). Personalmanagement als Erwartungsmanagement. Der psychologische Vertrag. Praxis der Personalarbeit, 3, S. 28 – 35.

Drumm, H. J. (2008). Personalwirtschaft. Berlin: Springer.

Echterhoff, W.; Poweleit, D.; Schindler, U. & Kreuz, A. (1997). Innere Kündigung. Überwinden von Motivationsblockaden in Wirtschaft und Verwaltung. Zfo, Zeitschrift Führung + Organisation, 1, S. 33 – 37.

Echterhoff, W.; Poweleit, D. & Schindler, U. (1994). Wieder Freude am Beruf. So überwinden Sie die innere Kündigung. Düsseldorf, Wien: ECON Taschenbuch Verlag.

Elsik, W. (1993). Innere Kündigung. In: Dichtl E.; Issing, O. (Hrsg.): Vahlens großes Wirtschaftslexikon. Band 1. München: Vahlen, S. 993 – 994.

Faller, M. (1991). Innere Kündigung. Ursachen und Folgen. München, Mering: Rainer Hampp Verlag.

Frey, B. S.; Osterloh, M. (2002). Motivation – der zwiespältige Produktionsfaktor. In: Frey, B. S.; Osterloh, M. (Hrsg.): Managing Motivation. Wie Sie die neue Motivationsforschung für Ihr Unternehmen nutzen können. Wiesbaden: Gabler, S. 19 – 40.

Gallup GmbH (2017 a). Engagement Index Deutschland 2016. Pressegespräch. Gallup GmbH: Berlin. Stand: 13.08.2018.

Gallup GmbH (2017 b). Gallup Engagement Index 2016: Schlechte Chefs kosten deutsche Volkswirtschaft bis zu 105 Milliarden Euro jährlich. Pressemitteilung. Gallup GmbH: Berlin. Stand: 13.08.2018.

Gross, P. (1992). Ein Betrieb ist kein Aquarium! Innere Kündigung als gesellschaftliches Phänomen. In: Hilb, M. (Hrsg.): Innere Kündigung. Ursachen und Lösungsansätze. Zürich: Verlag Industrielle Organisation, S. 87 – 97.

Hablützel, P. (1992). Innere Kündigung aus der Sicht eines Personalverantwortlichen in der öffentlichen Verwaltung. In: Hilb, M. (Hrsg.): Innere Kündigung. Ursachen und Lösungsansätze. Zürich: Verlag Industrielle Organisation, S. 31 – 36.

Heckhausen, J.; Heckhausen, H. (2010). Motivation und Handeln: Einführung und Überblick. In: Heckhausen, J.; Heckhausen, H. (Hrsg.): Motivation und Handeln. Heidelberg: Springer, S. 1 – 9.

Herzberg, F. (1987). One More Time: How Do You Motivate Employees? Harvard Business Review, September – Oktober, S. 5 – 16.

Herzberg, F.; Mausner, B.; Snyderman, B. B. (1959). The motivation to work. New York, London, Sydney: John Wiley & Sons, Inc.

Hilb, M. (1992). Innere Kündigung. Ursachen und Lösungsansätze. Zürich: Verlag Industrielle Organisation.

Hillengaß, H. W. (1994). Ressource Mitarbeiter: Potentiale mobilisieren - Unternehmenserfolg sichern. Stuttgart: Klett Verlag für Wissen und Bildung.

Höhn, R. (1982 a). Die innere Kündigung - ein schlimmes Thema. Frankfurter Allgemeinen Zeitung, Blick durch die Wirtschaft, 11 (25), 18.01.1982, S. 1.

Höhn, R. (1989). Die innere Kündigung in der öffentlichen Verwaltung. Ursachen – Folgen – Gegenmaßnahmen. Stuttgart: Josef Moll.

Höhn, R. (1982 b). Die unausgesprochene Kündigung. Frankfurter Allgemeinen Zeitung, Blick durch die Wirtschaft, 176 (25), 14.09.1982, S. 1.

Höhn, R. (1988). Führen muß man lernen. Wirtschaftswoche, 47, 18.11.1988, S. 82 – 88.

Holtbrügge, D. (2010). Personalmanagement. Heidelberg: Springer.

Jost, P.-J. (2008). Organisation und Motivation. Eine ökonomisch-psychologische Einführung. Wiesbaden: Gabler.

Kirchler, E. (2011). Arbeits- und Organisationspsychologie. Wien: facultas.wuv.

Kirchler, E.; Walenta, C. (2010). Motivation. Wien: facultas.wuv.

Kirchner, H. (1992). Das Zielvereinbarungsgespräch. Gesprächsführung für Führungskräfte in 10 Schritten. Der Karriereberater, 4, S. 97 – 105.

Klages, H. (1984). Wertorientierungen im Wandel. Rückblick, Gegenwartsanalyse, Prognosen. Frankfurt am Main: Campus Verlag.

Kleinbeck, U. (2010). Handlungsziele. In: Heckhausen, J.; Heckhausen, H. (Hrsg.): Motivation und Handeln. Heidelberg: Springer, S. 285 – 307.

Kratz, H.-J. (2014 a). Chef-Checkliste Mitarbeiterführung. 100 wichtigste Regeln. Regensburg: Walhalla.

Kratz, H.-J. (2014 b). Innere Kündigung erkennen, verhindern, abbauen. Regensburg: Walhalla.

Krenz-Maes, A. (1998). Innere Kündigung - ein unterschätztes Phänomen in vielen Unternehmen. Personalführung, 5, S. 48 – 53.

Krystek, U., Becherer, D.; Deichelmann, K.-H. (1995). Innere Kündigung. Ursachen, Wirkungen und Lösungsansätze auf Basis einer empirischen Untersuchung. München: Hampp.

Laufer, H. (2013). Praxis erfolgreicher Mitarbeitermotivation. Techniken, Instrumente, Arbeitshilfen. Offenbach: GABAL.

Löhnert, W. (1990). Innere Kündigung. Eine Analyse aus wirtschaftspsychologischer Perspektive. In: Wiendieck, G. (Hrsg.): Kölner Arbeiten zur Wirtschaftspsychologie. Band 5. Frankfurt am Main: Peter Lang.

Lübbe, H. (1984). Wertewandel und Arbeitsmoral. IBM Nachrichten, 274 (34), S. 7 – 11.

Maslow, A. H. (2016). Motivation und Persönlichkeit. Reinbek bei Hamburg: Rowohlt.

Massenbach, K. (2001). Die innere Kündigung zwischen Burnout und Hilflosigkeit. Zürich: Orgalife.

Nerdinger, F. W.; Blickle, G.; Schaper, N. (2014). Arbeits- und Organisationspsychologie. Berlin: Springer.

Neuberger, O. (1974). Theorien der Arbeitszufriedenheit. Stuttgart: Kohlhammer.

Nil, R.; Jacobshagen, N.; Schächinger, H.; Baumann, P.; Höck, P.; Hättenschwiller, J.; Ramseier, F.; Seifritz, E.; Holsboer-Trachsler, E. (2010). Burnout – eine Standortbestimmung. Schweizer Archiv für Neurologie und Psychiatrie, 161 (2), S. 72 – 77.

Raidt, F. (1989). Innere Kündigung. In: Strutz, H. (Hrsg.): Handbuch Personalmarketing. Wiesbaden: Gabler, S. 68 – 83.

Rheinberg, F.; Vollmeyer, R. (2012). Motivation. Stuttgart: Kohlhammer.

Richter, G. (1999). Innere Kündigung. Modellentwicklung und empirische Befunde aus einer Untersuchung im Bereich der öffentlichen Verwaltung. Zeitschrift für Personalforschung, 2, S. 113 – 138.

Riedl, G. (1996). Leistungserbringung im Krankenhaus zwischen Burnout und Innerer Kündigung. In: Müller, M. (Hrsg.): Personalmanagement im Unternehmen Krankenhaus, Wien: Manz, S. 53 – 65.

Rischar, H. (1992). Wie vermeide ich rechtzeitig meine innere Kündigung? Der Karriereberater, 4, S. 42 – 52.

Rosenstiel, L.; Nerdinger, F. W. (2011). Grundlagen der Organisationspsychologie. Basiswissen und Anwendungshinweise. Stuttgart: Schäffer-Poeschel Verlag.

Scheibner, N.; Hapkemeyer, J.; Banko, L. (2016). iga.Report33. Engagement erhalten – innere Kündigung vermeiden. Dresden: Zukunft der Arbeit GmbH.

Scheibner, N.; Hapkemeyer, J. (2013). Innere Kündigung als Thema in der Organisationsentwicklung. OSC Organisationsberatung, Supervision, Coaching, 4, S. 461 – 472.

Schmitz, E. (2004). Burnout: Befunde, Modelle und Grenzen eines populären Konzeptes. In: Hillert, A.; Schmitz, E. (Hrsg.): Psychosomatische Erkrankungen bei Lehrerinnen und Lehrern. Ursachen, Folgen, Lösungen. Stuttgart: Schattauer, S. 51 – 68.

Schmitz, E.; Gayler, B., Jehle, P. (2002). Gütekriterien und Strukturanalyse zur Inneren Kündigung. Zeitschrift für Personalforschung, 1 (16), S. 39 – 61.

Schneck, O. (2007). Lexikon der Betriebswirtschaft. München: Deutscher Taschenbuch Verlag.

Solga, M. (2016). Führen als Gestalten psychologischer Kontrakte. In: Felfe, J.; Dick, R. (Hrsg.): Handbuch Mitarbeiterführung. Wirtschaftspsychologisches Praxiswissen für Fach- und Führungskräfte. Berlin, Heidelberg: Springer, S. 354 – 364.

Solga, M.; Ryschka, J. (2013). Psychologische Kontrakte gestalten, Verhalten steuern, Leistung steigern. Handlungsempfehlungen für Mitarbeiter. Mainz: Ryschka.

Sprenger, B. (2018). Stress, Stressverarbeitung und Burnoutprophylaxe. In: Lohmer, M.; Sprenger, B.; Wahlert, J. (Hrsg.): Gesundes Führen. Life-Balance versus Burnout im Unternehmen. Stuttgart: Schattauer, S. 7 – 17.

Staehle, W. H. (1999). Management. München: Franz Vahlen.

Volk, H. (1989). Der lautlose Abschied von der Leistung. Fortschrittliche Betriebsführung und Industrial Engineering, 2, S. 82 – 86.

Vollmeyer, R.; Brunstein, J. (2005). Motivationspsychologie und ihre Anwendung. Stuttgart: Kohlhammer.

Wortmann, A. (2013). Die Rolle von Persönlichkeit bei der Inneren Kündigung im Bezug zu den Prädiktoren Psychologischer Vertrag und Sensibilität für Ungerechtigkeit. Dissertation. Hamburg.

Wunderer, R. (2011). Führung und Zusammenarbeit. Köln: Luchterhand.

Internetrecherche

Personalmanagementwissen online (2010). PERWISS Website: https://www.perwiss.de/fuerstenberg-performance-studie-2010.html, Stand: 24.05.2018.

Witze (2018). Witze Website: http://witze.net/beamtenwitze, Stand: 09.08.2018.